***blue notes***
***6***

*Als der Nationalsozialismus mit der systematischen Ausrottung der kulturellen Elite begann war für viele Jüdinnen die Flucht nach Amerika die einzige Möglichkeit, ihr Leben zu retten: Akademikerinnen, Wissenschaflerinnen, Künstlerinnen, Schriftstellerinnen – kurz: Frauen, die längst dem entwachsen waren, was das nationalsozialistische Frauenbild als rückwärtsgewandtes Ideal propagierte, die sich durchbissen, wieder neu anfingen und wieder neu reüssierten.*
*Elfi Hartenstein hat diese Frauen – alle Anfang dieses Jahrhunderts geboren – in New York aufgesucht.*
*Sie erzählen von ihrem Aufbruch in ein neues Leben mit all seinen Schwierigkeiten und Turbulenzen, aber auch den unzähligen neuen Eindrücken und Begegnungen, die letztendlich auch ihre Arbeit beeinflußten.*
*Sie alle stellten sich dem Überlebenskampf im täglichen Leben und eroberten sich ihren Platz in der neuen Welt.*
*Mit ihren authentischen Porträts und den persönlichen Gesprächen füllt Elfi Hartenstein eine Lücke, die von anderen aus nebelhaften Gründen übersehen wurde.*

Elfi Hartenstein, *Germanistin und Historikerin, arbeitet als Autorin und Übersetzerin. Bekannt geworden ist sie mit ihrer Romanbiografie über Else Lasker-Schüler »Wenn auch meine Paläste zerfallen sind« ( Frankf. 1987 )*

Elfi Hartenstein

# Jüdische Frauen im New Yorker Exil

10 Begegnungen

mit Fotos von
Thomas K. Müller

edition ebersbach

## *Inhalt*

## *Vorwort*

»Bitte helfen Sie mir. Schicken Sie mir ein Affidavit. Ich bin Pianistin, ich kann mich selbst ernähren, aber ich muß hier weg und ich brauche jemanden, der für mich bürgt....« Dieser Satz stammt aus dem Jahr 1939. Er stand in den Briefen, die die in Wien lebende, damals 33jährige Pianistin Erna Jonas an wildfremde Menschen in New York schickte, die sie als Namensvettern aus dem New Yorker Telefonbuch herausgesucht hatte, um sie um Hilfe zu bitten. 52 Jahre später zitiert sie ihn mir. Wir sitzen in ihrem New Yorker Wohnzimmer, vor einer Stunde haben wir uns zum ersten Mal die Hand gegeben, tags zuvor hatten wir miteinander telefoniert, dieses Treffen vereinbart, sie weiß, dass ich sie ausfragen, ihre Geschichte erfahren will, sie ist bereit, mir Rede und Antwort zu stehen, bereit, mich in eine Zeit zurückzuführen, die zu vergessen und nie mehr heraufzuholen sie guten Grund hätte.

Erna Jonas war nicht die einzige, die vorbehaltlos Auskunft gab. In diesem Frühjahr 1991 hatte ich mich auf den Weg gemacht, möglichst viele solcher Geschichten aufzuspüren und zusammenzutragen. Ich war auf der Suche nach Menschen, die vom Faschismus daran gehindert worden waren, ihr intellektuelles und künstlerisches Potential zu entfalten und gesellschaftlich nutzbar zu machen, auf der Suche nach den Angehörigen der vertriebenen Intelligenz und kulturellen Elite. Auf der Suche nach jenen, von denen niemand sprach, weil sie – wie begabt auch immer – nicht den Bekanntheits- und Popularitätsgrad einer Hannah Arendt, Rose Ausländer, Marlene Dietrich, Erika Mann, eines Bertolt Brecht, Albert Einstein, Lion Feuchtwanger, Oskar Maria Graf, Heinrich oder Thomas oder Klaus Mann, Herbert Marcuse o. a. erreichten. Auf der Suche nach jenen, die der Verfolgung unter den Nazis, dem Holocaust entkommen und in New York gelandet und geblieben waren. Auf der Suche nach jenen, auf deren Kreativität, Klugheit und Lebenserfahrung die Politiker der Nachkriegszeit in Deutschland und Österreich verzichten zu können glaubten, als es darum ging, wieder aufzubauen, d.h. wieder anzuknüpfen an Wissen, künstlerische Entwicklungen und Geistesströmungen vor der Zeit des braunen Terrors.

Oral history: immer subjektiv, subjektiv sogar in zweifachem Sinn. Weil die, die erzählen, ausschließlich das erzählen, was sie selbst erlebt haben. Und weil die, die festhalten, was da erzählt wird, bei allem vermeintlich objektiven Interesse nach subjektiven Kriterien fragen und nachfragen. Mir ging es darum, die Phänomene Ausgrenzung, Vertreibung, Flucht und Exil über die Schilderung derer, die damit konfrontiert wurden, faßbar und begreifbar werden zu lassen. Das von mehr oder weniger wissenschaftlichen Veröffentlichungen gezeichnete Bild sollte erweitert werden mittels authentischer Zeitzeugenberichte, die Folgen von Entwurzelung und Ausgestoßensein, des erzwungenen Bruchs in der eigenen Biografie, die vielen Facetten von Neuanfang und Akkulturation wollte ich nicht theoretisch erklären, sondern an Einzelbeispielen nachvollziehen. Solche Lebensgeschichten sind mehr als nur eine historische Lehre für Nachgeborene: sie können zu Mosaiksteinen werden für jeden, der die Frage nach der eigenen Identität stellt, auch wenn die gesellschaftlichen Verhältnisse, unter denen das geschieht, objektiv andere sind.

Was geschieht da mit jemandem, der plötzlich erfahren muss, dass man ihm ein *label* aufdrückt, mit dem alles, was er kann oder weiß oder tut oder je getan hat, ungültig wird? Nichts zählt mehr, keine menschlichen Eigenschaften, keine beruflichen Verdienste, keine Nationalität, keine Staatsangehörigkeit, nur noch das eine: du bist Jude, Jüdin. Egal ob du dich dazu bekennst, egal ob du so erzogen wurdest, egal ob du einer anderen Glaubensgemeinschaft angehörst, weil deine Eltern dich haben taufen lassen, weil deine Mutter oder dein Vater vielleicht selbst Katholiken oder Protestanten waren, aber da ist der andere Elternteil, da ist der jüdische Großvater, die jüdische Großmutter...
Und: Wie verkraften Menschen es, daß man sie von einem Tag auf den anderen zu *displaced persons* erklärt, einer nicht erwünschten Minderheit zurechnet, ihnen die Grundrechte auf freie Entfaltung ihrer Persönlichkeit aberkennt und die Existenzgrundlage entzieht, ihr Leben bedroht, Familien und Freundschaftsbeziehungen zerstört? Wie verkraften Menschen es mitzuerleben, wie Angehörige und Freunde abtransportiert, in Gettos verbannt, in Lager eingewiesen, liquidiert werden?
Mir war bewußt, daß ich spät kam. Was ich nicht einmal ahnte, war zweierlei: erstens dass ich fast überall mit offe-

nen Armen empfangen, mir keine Ressentiments entgegen gebracht werden würden, und seien sie nur Ausdruck der Überlegung: was soll das denn jetzt noch? Und zweitens: auf welche Tatkraft und Vitalität, welche Wachheit und Neugier, welche Energie, Lebenskraft und Lebensfreude ich stoßen würde bei meinen Gesprächspartnerinnen und Gesprächspartnern, von denen nur der kleinere Teil die 80 noch nicht überschritten hatte (mehr als ein Drittel von ihnen war bereits zwischen 85 und 95 Jahre alt!). Ich hatte es mit äußerst aktiven, voll im Leben – auch im Berufsleben – stehenden Individuen zu tun, die mir, bestens über die Aktualitäten des Tagesgeschehens informiert, Rede und Antwort standen und absolut nicht den Eindruck machten, als wollten sie den Dingen ihren Lauf lassen und sich in den Altersruhestand verabschieden. Ganz im Gegenteil: Alexandra Adler und Erna Jonas unterrichteten nach wie vor, Käthe Berl steckte mitten in der Vorbereitung einer Ausstellung, Amalia Elberger erwischte ich erst einmal nur in ihrer Firma, Lisa Frank, obgleich nicht mehr berufstätig, überhaupt nicht, und dann, nach endlosen Versuchen, nur dank der Vermittlung des Austrian Institute, Mimi Grossberg und Stella Hershan waren mit der Fertigstellung neuer Manuskripte beschäftigt, Mary Rosenberg plante den nächsten Trip zur Frankfurter Buchmesse, Erika Stone pendelte zwischen Auftragsarbeiten, Ausstellungsvorbereitungen und SOS-Kinderdörfern hin und her, Clementine Zernik konnte mich freundlicherweise gerade mal so zwischen ihre unzähligen Termine und die nachmittäglichen Bürostunden einschieben ...

(Nicht daß es sich bei den Protagonistinnen und Protagonisten der hier nicht abgedruckten, an anderer Stelle veröffentlichten Geschichten auch nur einen Deut anders verhalten hätte ...)

Was sich im Laufe dieser vielfältigen Erinnerungsarbeit für alle der hier porträtierten Frauen als gemeinsame Erfahrung herauskristallisierte, war, daß der Anlaß für den erzwungenen Neuanfang, die – tatsächliche oder antisemitisch sippenhaftmäßig zugeschobene – Religionszugehörigkeit, bis zum Zeitpunkt der Vertreibung keinen besonderen Stellenwert in ihrem Denken und Fühlen besessen hatte. Das Spektrum persönlicher Konsequenzen aus dieser Erfahrung ist breit gefächert. Wenn Mary Rosenberg feststellt, sie sei »eigentlich erst durch Herrn Streicher« richtig zur Jüdin geworden, erscheint mir das aber nicht weniger nachvollziehbar als Käthe Berls Streben nach einer religiösen Universalität oder Lisa Franks Meinung, Religion mache die Menschen nicht zu Freunden sondern zu Feinden.

Unnötig zu betonen, dass die in diesen Lebensgeschichten vermittelten Erfahrungen durch die Jahre hindurch nichts von ihrer Kraft und Aktualität verloren haben. Ich bin heute noch dankbar für die Bereitschaft und Offenheit, mit der sich meine Gesprächspartnerinnen zu Wort meldeten. Manche dieser Geschichten wären ansonsten inzwischen für uns bereits unwiderruflich verloren.

# ALEXANDRA ADLER

Psychotherapeutin, Jahrgang 1901

## *»Über solche Dinge denke ich eigentlich nicht nach«*

»Kommen Sie am Samstagnachmittag«, hatte sie zu uns am Telefon gesagt, »früher habe ich keine Zeit. Da bin ich mit meinen Patienten und Studenten beschäftigt.« Hatte ich mich verhört? Immerhin ist Alexandra Adler, Tochter des österreichischen Individualpsychologen Alfred Adler, fast neunzig Jahre alt. Daß sie beruflich den Weg des Vaters weitergegangen ist, war mir bekannt. Aber daß sie immer noch praktiziert, hätte ich mir nicht träumen lassen. Es ist heiß an diesem Samstag Ende April, als wir die fast ausgestorbene Park Avenue hinaufgehen. Eines der großen

Gebäude mit weitläufiger Eingangshalle. Der Lift bringt uns in den zwölften. Stock. Wir klingeln, warten. Es dauert eine ganze Weile, bis sich ein Geräusch hinter der Wohnungstüre vernehmen läßt. Dann steht sie vor uns, Alexandra Adler, klein, schmal. In Jogginghosen, heller Bluse und dunkelblauer Jacke, die einen schönen Kontrast bildet zu dem dicken weißen, im Nacken geknoteten Haar und der unerwartet glatten hellen Haut. Kaum sitzen wir um den niedrigen Tisch im Wohnzimmer, fängt sie an, uns auszufragen. Wo wir leben, was wir zu Hause machen, wo ich Englisch gelernt habe. Als Psychotherapeutin ist sie gewohnt, andere zum Reden zu bringen. Ich habe einige Mühe, das Gespräch auf sie zu lenken. Auf meine Fragen antwortet sie meist lakonisch-knapp, macht lange Pausen, und ich weiß nicht immer, ob das daher kommt, daß sie sich bemüht, jedes Wort genau abzuwägen, um nichts Falsches zu sagen, oder ob ihr vieles von dem, was ich wissen will, zu selbstverständlich erscheint, um darüber viele Worte zu machen. Später gesteht sie, daß sie überhaupt nicht gern redet. Schon gar nicht über sich selbst. Daß ihr bei ihren Studenten jene Kurse am liebsten sind, bei denen sie keine Vorträge halten muß, sondern wo über die Fälle, die die Studenten mitbringen und vorstellen, diskutiert wird. Sie unterrichtet also noch regelmäßig? Ja, aber die Studenten kommen jetzt zu ihr, zweimal in der Woche. Sie will nicht mehr ins Institut gehen, in die *Alfred Adler Mental Hygiene Clinic* deren Direktorin sie seit 1948 war. Und für die Patienten hat sie ihr Office sowieso hier, einen schmalen Raum mit großem Fenster an der Stirnseite, Bücherregalen, zwei Sesseln, einem Schreibtisch, an dem sie dann mit dem Rücken zum Fenster sitzt. Links von ihr, an der Wand neben dem Schreibtisch, eine Fotografie von Alfred Adler. Keine Couch. »Ich bin schließlich keine Analytikerin.«

Alexandra Adler hat 1926 in Wien ihren Abschluß als Ärztin gemacht und dort an der Neuropsychiatrischen Klinik gearbeitet, bis sie 1935 auf Vermittlung ihres Vaters, der schon 1928 an die Columbia Universität, New York, gegangen war, in Boston an der *Harvard University* eine Forschungs- und Lehrstelle angeboten bekam. »Es war schon 1935 nicht mehr angenehm in Wien, mit den Nazis.« Keine weiteren Ausführungen. Der Holocaust als geschichtliches Faktum, jede Stellungnahme dazu unnötig. Nein, berufliche Einstiegsschwierigkeiten in den USA hat es nicht gegeben. Sie hat hauptsächlich theoretisch gearbeitet und viel veröffentlicht damals, und zwar von Anfang an auf Englisch, das sie lange zuvor in Wien schon gelernt hatte. Aber schwer war es trotzdem. »Meine Familie war ja in New York, mein Vater war hier, meine Mutter, mein Bruder und eine meiner Schwestern sind nachgekommen. Die älteste Schwester ist in einem Lager in Rußland umgekommen.« Auch hierzu kein Wort mehr. Tatsachen. Vergangenheit. Mit dem Bruder, dreieinhalb Jahre jünger als sie, der natürlich auch vom Fach und ebenso wie sie noch aktiv ist, pflegt sie noch engen Kontakt. »Er wird im Sommer den letzten meiner Kurse übernehmen. Über posttraumatische Neurosen. Ich spreche über das, was er nicht

behandelt, über Schizophrenie, über Manische Depression – über so leichte Sachen eben, über die mein Bruder nicht sprechen mag, aber die die Studenten doch auch lernen müssen.«

Sie lacht und zuckt die Schultern, als wir sie fragen, ob sie nie daran gedacht hätte, sich aufs Altenteil zurückzuziehen. »Warum sollte ich? Warum sollte ich zum Beispiel einen Patienten, der vor zehn Jahren bei mir in Behandlung war und der mich wieder anruft und mir erzählt, es hätte da eine Komplikation bei ihm gegeben, nicht mehr sehen wollen? Er soll doch herkommen. Dann spreche ich mit ihm und versuche ihm zu erklären, warum er solche Schwierigkeiten hat.«

Daß sie durchaus Zeiten kennt, in denen sie keine Patienten, keine Studenten, keine Arbeit um sich hat – und sie auch nicht vermißt – erzählt sie erst viel später, als sie uns

in ihrem Arbeitszimmer Fotos zeigt. Sommerbilder. Da sagt sie, daß sie seit über zwanzig Jahren den Juli und August bei Freunden in Maine verbringt. Ruhige Monate, in denen sie Kraft schöpft. Sie schwimmt, liest, schreibt Briefe, sieht Freunde und Bekannte, die zum Tee kommen, geht früh schlafen. »Schön ist es da«, sagt sie, »anders. Landleben eben.«

Die neun Jahre, die sie in Harvard verbracht hat, sieht sie rückblickend als eine schwierige Phase an. »Erstens einmal hatte ich da als Frau eine Art Sonderstellung, denn man nahm damals praktisch keine Frauen auf. Nicht als Studentinnen und nicht als Lehrpersonal. Das hat sich erst nach meinem Weggang geändert. Für mich war das doch eine große Umstellung. Und zweitens kam ich ja aus der Praxis. Ich hatte in Wien als Ärztin gearbeitet und mich dabei auf die Behandlung psychisch Kranker verlegt, jedoch ohne theoretische Ausbildung. Man hat damals sein Wissen ganz praktisch bei seinen Fällen erworben. Doch als ich hier war, habe ich schnell gemerkt, daß ich genauso viel wußte wie die anderen und habe gleich 1938 meine Fachprüfungen für Psychiatrie und Neurologie abgelegt. Aber ich mußte jetzt theoretisch arbeiten. Daß ich keine Therapien mehr machen konnte, hat mir gefehlt.« 1944 geht sie an die Hosp Universität in Durham, North Carolina, und zurück in die Psychiatrie. »Da habe ich es zwei Jahre ausgehalten.« Sie überläßt es meiner Fantasie, zu deuten, ob diese zwei Jahre für sie lang oder kurz gewesen sind. Ab 1946 ist sie in New York, wo sie eine Anstellung an der *New York University* bekommt und gleichzeitig auch als Therapeutin arbeiten kann. Hier, sagt sie, hat sie sich zufrieden gefühlt, ist seßhaft geworden. Alles rundherum stimmt. Die Arbeit, die schöne Wohnung, in der sie nun seit dreißig Jahren wohnt, und die Stadt. »New York ist eben New York.« Sehnsucht nach Wien? Nein. Auch nicht in den ersten Jahren. Obwohl sie damals, wenn sie danach gefragt wurde, noch manchmal zum Spaß gesagt habe, vielleicht, vielleicht würde sie ja doch zurückgehen. Später, als sie zweimal von der Alfred Adler Gesellschaft nach Wien eingeladen wird, das erste Mal in den sechziger Jahren, fährt sie hin, hält Vorträge, sieht sich an, was aus den Orten ihrer Jugend geworden ist, sucht Straßen, Plätze, ihre Schule, ihr Haus. »Es hat mir gar nicht gefallen. Auch die Leute, die da jetzt in unserer ehemaligen Wohnung wohnten, habe ich nicht gemocht. Ich habe das einfach nicht ganz in Ordnung gefunden.« Nicht

ganz in Ordnung. Punkt. Basta. Hat sie auch alte Freunde wiedergesehen? Freunde? »Naja, Oskar Spiel war tot. Er war der Vorstand der Individualpsychologischen Vereinigung gewesen. Sein Sohn Walter war inzwischen sein Nachfolger geworden. Er war damals auch Chef der Psychiatrischen Klinik. Aber sonst?«
Da ist kein Bedauern in ihrer Stimme und auch kein Erstaunen. Nein, nicht einmal der Gedanke, daß sie ja dort in der Alfred Adler Gesellschaft hätte weiterarbeiten können, sei ihr gekommen. Und außerdem: es habe sie auch niemand dazu eingeladen.

Sie hat nach ihrer Emigration nicht, wie andere Exilierte, versucht, Kontakt zu Menschen aufzunehmen, die aus der alten Heimat kamen. Hat sich nicht in Emigrantenzirkeln bewegt, nicht versucht, sich auf diese Weise des geraubten Kulturkreises zu versichern. Es seien nur wenige Europäer unter ihren Bekannten gewesen, sagt sie, sie habe fast ausschließlich mit Amerikanern zu tun gehabt. Gute Freunde, wirklich enge Freunde, wie sie sie in Wien gehabt hatte, hat sie dabei jedoch nur wenige gefunden. Aber ein Gefühl der Fremdheit ist, weil man sie in Boston von Anfang an gut aufgenommen hat, trotzdem nicht aufgekommen. »Außerdem hatte man auch viel zu viel zu tun, um intensive Beziehungen zu pflegen.« Erstaunt wehrt sie ab, als ich sie frage, ob sie diese gar nicht erst aufkommende Intensität vielleicht für ein typisch amerikanisches Phänomen, für den Ausdruck einer grundlegenden kulturellen Verschiedenheit halte. Nein, unseren Eindruck, daß die

Menschen hier oberflächlicher miteinander umgehen, will sie nicht bestätigen. Fühlt sie sich als Amerikanerin, die sie ja vom Paß her ist? – Das nicht... – Österreicherin also doch nach wie vor? – Nein. Das ganz bestimmt auch nicht. »Ich denke über solche Fragen eigentlich nicht nach.«

Mit dem, was man so Heimat nennt, ist es sowieso so eine Sache. »Man verliert sehr schnell das Gefühl dafür, wenn man merkt, daß die Dinge, die da vor sich gehen, nicht gut sind. Dann muß man fortgehen, sehr schnell fortgehen, und es bleibt nichts mehr davon in einem übrig.« Wenn sie 'nichts' sagt, meint sie sowohl positive wie auch negative Gefühle. Keine Enttäuschung darüber, daß so etwas möglich war, kein Haß. »Schlechte Menschen gibt es überall auf der Welt.«

1959 heiratet sie Halfdan Gregersen, einen Amerikaner dänischer Abstammung. Vom Fach. »Er war Ph.D.«, sagt sie, »kein M.D., das heißt, er hat keine Psychotherapie gemacht. Er war Manager der Studentenvereinigung, hatte die Leitung der Gruppe, die immer im Sommer nach Dänemark gefahren ist, und hat dann diese Studenten weiter unterrichtet.« Eine späte Heirat, ja. »Aber ich hatte eben keine Zeit dazu früher.« Sie zeigt auf ein Bild, das schräg hinter ihr im Regal steht. »Das ist er, Halfdan.« Und dann, leise: »Er ist so plötzlich gestorben. Lag im Bett und war tot.« 1981 war das. Jetzt lebt sie seit zehn Jahren wieder allein. Dreimal in der Woche kommt eine Haushaltshilfe. Montags und mittwochs nur für eine, freitags für drei Stunden. Als ich sage, daß das nicht viel sei bei der großen Wohnung, schaut sie mich erstaunt an. »Aber was soll sie denn auch tun? Es macht doch hier keiner eine Unordnung. Es schaut doch ganz ordentlich aus, oder?« Doch, es schaut 'ganz ordentlich' aus. Und es reicht auch, daß die *maid* mittwochs für sie einkaufen geht. Sie braucht nicht viel. »*Chicken, steaks, potatoes* koche ich, mehr nicht. Das ist kaum Arbeit. Und außerdem« – und das sagt sie auf Englisch – »*I didn't learn to cook. And then I came to Boston. There some girls came and taught me a little bit.* Das war alles.« Nun muß sie doch ein wenig lächeln über die Frau Doktor, die ihr Leben lang nicht kochen gelernt hat. Aber es gibt eben Dinge, für die man einfach keine Zeit hat.

# KÄTHE BERL

Bildende Künstlerin, Jahrgang 1908

## *»Ein Refugee-Dasein habe ich niemals geführt«*

Als 'Enamelist' bezeichnet sie sich, ein Begriff, der sich so ohne weiteres nicht ins Deutsche übertragen läßt. Er bedeutet, daß sie mit Emaille arbeitet und sich in ihrer künstlerischen Produktion darauf spezialisiert hat. Genauer gesagt hat Käthe Berl Emaillearbeiten in dreidimensionaler Form entwickelt, sie stellt also Skulpturen her aus Emaille und Epoxy oder Glas. Einen wichtigen inhaltlichen Schwerpunkt bilden dabei sakrale Figuren, die ihr inzwischen zahlreiche Preise eingebracht haben, darunter etwa einen Award der *Guild of Church Architects* in Washington oder einen Preis des *Jewish Museum,* New York, für ihre *Jewish Ceremonial Objects.* »Ich hab's mit den Religionen«, sagt sie, »weil ich selbst gläubig bin, ohne in irgendeiner Richtung dogmatisch zu sein. Ich würde gern alle Religionen vereinigt haben, aber es wird mir wohl nicht gelingen.« Was noch fehlt in ihrer Sammlung, ist ein buddhistischer Preis – »nicht so sehr wegen des Preises an sich, aber wegen der von mir angestrebten religiösen Universalität«. Nein – daß sie auch nur annähernd jüdisch-orthodox denke oder so erzogen worden sei, könne wohl niemand behaupten...

Wir haben uns mit Käthe Berl bei *The Pen and Brush* getroffen, einer *Women in Art* Organisation, zu deren Vorstand sie gehört. *The Pen and Brush* residiert in einem in der 10. Straße nicht weit vom University Place gelegenen dreistöckigen geruhsam-schmucken Bürgerhaus: Galerieräume und ein kleines, von Papieren, Ordnern und Büchern überquellendes Büro im Hochparterre, im Souterrain eine Art Versammlungsraum mit riesigem Tisch in der Mitte, durch dessen Fenster an der Rückfront des Hauses man in ein grün bewachsenes Gärtchen schaut, wo ein paar Stühle und eine Bank zum Ausruhen und Plaudern einladen; oben weitere Räume; die Regale im Flur sind vollgestopft mit Arbeitsmaterialien. Eine recht repräsentative Unterkunft für eine Vereinigung bildender Künstlerinnen – fast unnötig Käthe Berls Hinweis, daß hier nicht unbedingt Junge Wilde am Werk sind. Unsere Bitte, sie selbst inmitten ihrer eigenen Arbeiten in ihrem Atelier auf-

suchen zu dürfen, hat sie, als wir miteinander telefonierten, abgelehnt: »Dieses Chaos kann ich beim besten Willen niemandem zumuten. Ich kann ja selbst den Raum kaum betreten, weil ich im Moment wieder mal in der Vorbereitung einer Ausstellung bin. Nein, kommen Sie lieber zu *Pen and Brush*, da haben wir Ruhe. Es ist ganz einfach zu finden, und Sie brauchen nur an der Tür zu klingeln, dann mache ich Ihnen auf – und schon sinken wir einander in die Arme...« Käthe Berl. Damit wir dennoch einen Eindruck von dem, was sie macht, bekommen, hat sie uns Dias mitgebracht, die sie uns später unten im Versammlungsraum an die Wand projizieren will. Erst einmal läßt sie uns einen Blick auf die im Moment in der Galerie ausgestellten Bilder werfen – Bilder einer der Preisträgerinnnen der Organisation – und die Stühle heranschieben, die wir brauchen, um uns im hinteren Raum am Fenster zum Garten zusammensetzen zu können. Sie gießt inzwischen in der im Flur installierten Teeküche Kaffee auf und erzählt von ihrem ungarischen Vater, dem Herrn Berl, wie sie ihn nennt, der ein *Gambler* war, ein Spieler, ein Glücksritter, nicht tauglich für ein geordnetes Familienleben. Aber sie hat ihn, der von der Familie ihrer Mutter verstoßen wurde, als sie selbst gerade drei Jahre alt war, geliebt und in guter Erinnerung behalten und ist sich des Erbteils, das sie von ihm in sich trägt, sehr bewußt: »Jedes Stück, das ich mache, ist ein *gamble*. Ich experimentiere eben. Und es zeigen sich immer wieder neue Wege dabei.«
Der Schmuck, den sie trägt, stammt aus ihrer eigenen Produktion. »Das hat sich im Laufe meines beruflichen

Werdegangs ergeben. Außerdem, wenn man Ausstattungen fürs Theater macht, macht man ja nicht nur Kostüme.«

Sie erzählt kreuz und quer durch die Geschichte ihres Lebens, ist eben noch bei der *Donell Library* gegenüber dem *Museum of Modern Art,* wo sie in den nächsten Tagen ihre Exponate aufhängen muß, dann schon wieder zurück bei Herrn Berl, dem Vater, dann im 'Laterndl', dem österreichischen Kabarett in London, für das sie nach ihrem Weggang aus Wien bis zu ihrer Übersiedlung in die Vereinigten Staaten Ende 1939 die Ausstattung gemacht hat. Aus jedem Satz, den sie mit nach wie vor österreichisch-ungarisch gefärbtem Klang von sich gibt, wird deutlich, daß noch immer jeder Tag für sie eine neue Herausforderung darstellt und daß sie jedenfalls nicht zu den Menschen gehört, die zaghaft und zögernd auf der Stelle treten. Wenn der Fluß der Gedanken sie wegträgt, verfällt sie ins Amerikanische, reiht stakkatoartig Fakten aneinander, unverbundene Halbsätze oft nur, bis ich sie mit einer Frage unterbreche, nachhake, auf Details insistiere. Dann setzt sie sich zurück, atmet tief ein und fragt, wieder ganz wienerisch: »Wo waren wir stehengeblieben?«
Nein, an eine Rückkehr nach Wien habe sie niemals gedacht, denn mit ihren ehemaligen Landsleuten, den Österreichern, will sie nichts mehr zu tun haben. »Sie sind doch nicht etwa der Meinung, daß sich da grundlegend etwas geändert hat? Denken Sie doch bloß an Waldheim...« Trotzdem sagt sie: »Man muß keinen Haß haben und kei-

ne Rachegefühle. Man kann sich doch nicht genauso schlimm benehmen wie Hitler und die Nazis.«
32 Mitglieder ihrer Familie sind deportiert worden und haben den Holocaust nicht überlebt. Nicht einmal die Mutter, der sie, nachdem sie im Dezember 1939 nach Amerika gekommen war, ein Affidavit geschickt hat. »Daran sind die Amerikaner schuld. Mir ist klar, daß Amerika eigentlich meine Mutter umgebracht hat.« Sie hat es nach dem Krieg durch die Veröffentlichungen eines Erfurter Rechtsanwalts im *Aufbau* erfahren: Die Mutter, durch ihre Heirat noch ungarische Staatsbürgerin – Käthe selbst hatte bei Eintritt in die Kunstgewerbeschule in Wien die österreichische Staatsbürgerschaft angenommen – hat von der amerikanischen Botschaft kein Visum erhalten, weil sie nicht im Besitz eines Passes war. Den hätten die ungarischen Behörden ihr nur ausgestellt, wenn sie mindestens drei Monate lang in Ungarn gelebt hätte. »Aber das ging doch nicht mehr zu diesem Zeitpunkt. Ungarn war inzwischen auch okkupiert und verweigerte Juden die Einreiseerlaubnis. Und weil die amerikanischen Bürokraten kein Einsehen gehabt haben, ist das Affidavit verfallen. Und auch meine Mutter ist also deportiert worden, 1941 nach Litzmannstadt, und wie die anderen Verwandten umgekommen.«

Käthe Berl hat in Wien an der Kunstgewerbeschule eine Ausbildung zur Kostümbildnerin absolviert, hat schon als Mitglied der Jugendkunstklasse ein erstes Buch mit Gedichten und Illustrationen publiziert und auch die künstlerische Umsetzung der Entwürfe eines in Wien lebenden amerikanischen Ingenieurs übernommen. Die sich dabei zu ihm und seiner Frau entwickelnde Freundschaft wird später, als es um die Emigration und den Neuanfang in Amerika geht, zum Grundstein ihres neuen Lebens. »Alles, was ich an Veränderungen und Weiterentwicklung erfahren habe, ist immer auf die eine oder andere Art durch meine Arbeit zustandegekommen.« Flucht aus Österreich und Neuanfang in der Fremde als Basis für Weiterentwicklung also? »Aber ja.«

Vorläufig, im Wien der Zwischenkriegsjahre, entwirft sie Kostüme und Inventar für die Wiener Kleinkunstbühne *Literatur am Naschmarkt.* Eine dort engagierte englische Schauspielerin, die nach dem Einmarsch der Hitlertruppen nach London zurückgeht, stellt für sie Verbindungen in London her und verhilft ihr Ende 1938 zur Emigration nach England. »Ich hatte also noch genügend Gelegenheit, die österreichischen Faschisten kennenzulernen. Mir erzählt niemand, daß das alles nur eingewanderte Deutsche gewesen sind.«

Zur Bestätigung ihrer Position führt sie eine Bemerkung des schwedischen Architekten Joseph Frank an, der, nach dem Krieg eingeladen nach Österreich, feststellte, eigentlich könne es in Wien gar keine Nazis gegeben haben, denn dort sage ja jeder, daß er keiner gewesen sei. Aus der Tatsache aber, daß auch jeder behaupte, er sei eine Ausnahme gewesen, liege es nahe, zu schließen, daß es doch ziemlich viele Nazis gegeben haben müsse…

»Jedenfalls« sagt sie, »hatte ich ab dem Moment, da ich von Österreich fortgegangen bin, das Gefühl, meine Wurzeln sind abgeschnitten. Es war nichts mehr daran zu ändern. Vorbei.«

Sie beteiligt sich in London an einem Wettbewerb zum Thema *The Development of Hat Styles from the Middle Ages to 1914* und gewinnt mit ihren Entwürfen den Preis der *British Empire Exhibition,* – »eine Cinderella-Story«, wie sie findet, »denn im Handumdrehen hatte ich jetzt ein Atelier zur Verfügung, in dem es alles an Material gab, was ich mir nur vorstellen konnte.« Sie bekommt einen Auftrag zur Ausstattung eines Films (bezeichnenderweise *Cinderella*) und setzt ihre Arbeit, wie sie sie in Wien für *Literatur am Naschmarkt* bereits praktiziert hat, beim in London ansässigen österreichischen Kabarett *Das Laterndl* fort. Während dieser Zeit in London lernt sie Mizzi Otten kennen, die Emaillearbeiten macht. Mizzi Otten ist mit einem Arier verheiratet und fürchtet, ihr Sohn könne in die Hitler-Wehrmacht eingezogen werden. Um dies zu vermeiden, emigriert sie mit ihm in die USA. In New York bekommt sie eine Anstellung im *decoration shop* von Rena Rosenthal, deren Bekanntschaft sie bei der Weltausstellung in Paris gemacht hatte. Mizzi Otten, ganz schnell überhäuft mit Rosenthal-Aufträgen, sorgt dafür, daß Käthe über das inzwischen in die Staaten zurückgekehrte Ingenieursehepaar ein Affidavit für Amerika bekommt, und Käthe folgt ihr im Dezember 1939 nach New York und beginnt jetzt, in der Ausführung von Mizzis Entwürfen, selbst mit ersten Emaillearbeiten: Aschenbecher, Zigarettenschachteln etc. – Gebrauchsgegenstände also.

Dank einer von der Wienerin Lonie Veitler initiierten Hilfsaktion für emigrierte Künstler – Lonie Veitler hat in einem zu diesem Zweck in der New Yorker Fifth Avenue angemieteten Büro Musterarbeiten der Künstler ausgestellt und Käuferbestellungen vermittelt – erhält Käthe Berl bald eigene Aufträge. Sie produziert jetzt Schmuck: dreidimensionale Emaillearbeiten, die von den verschiedensten Designerläden bestellt und unter deren eigenen Namen verkauft werden. *»I never cared. It doesn't make any difference.«* Aber sie spart für eine Schiffspassage für die Mutter und kann nicht auf Dauer für 50 Cents die Stunde arbeiten. Als sie deshalb ihren Job bei Mizzi Otten kündigen will, schlägt diese ihr vor, künftig das Geschäft gemeinschaftlich zu führen. Beide produzieren jetzt gemeinsam und stellen auch gemeinsam aus – zum ersten Mal im Muse-

um von Baltimore. Im Katalog zu dieser Ausstellung findet Käthe Berl ihren Namen unter dem Stichwort *Contemporary American Craftsmen* aufgeführt. »Wie ich das gesehen habe, sind mir die Tränen nur so übers Gesicht gelaufen. Da wird man von dem Land, in dem man sein Leben lang gelebt und gearbeitet hat, hinausgeworfen, und hier ist man sofort gleichwertig und als amerikanischer Künstler akzeptiert. Ich war so gerührt darüber – so etwas gibt es in keinem anderen Land. Ich war damals noch nicht einmal ein Jahr in den Staaten. Ja – *since then I am an American craftsman...* Stellen Sie sich vor, das State Department hat Sachen von mir gekauft, hat sie ins Ausland geschickt und vorgestellt als Werke einer Künstlerin ausländischer Herkunft, die die amerikanische Kunst beeinflußt.«
Diese schnelle Anerkennung ist wohl der Grund dafür, daß sie heute sagt, sie habe sich eigentlich nie exiliert gefühlt. Und: »Ich habe niemals ein *Refugee*-Dasein geführt.« In der Anfangszeit hat sie noch häufiger Umgang mit anderen Exilierten – Franz und Alma Werfel gehören in diesen Bekanntenkreis –, aber allmählich, sagt sie, ist es eher Zufall gewesen, wenn die Freunde deutscher oder österreichischer Abstammung waren. »Das war alles sehr kosmopolitisch. Ich habe mich nie in diesem sogenannten Emigrantengetto bewegt.«
Mit der Gebrauchskunst, die sie herstellt, trifft sie, das zeigt sich immer deutlicher, bei den Amerikanern ins Schwarze. »Wir Europäer glauben immer, wir seien die einzigen, die etwas von Kunst verstünden. Ich nenne das *the Euro-*

*pean conceit.* Dabei sind die Amerikaner tatsächlich – man muß sich nur ansehen, wie ganze Familien in die Museen und Ausstellungen pilgern – in dieser Beziehung viel aufgeschlossener und interessierter als die Menschen drüben.« Daß zwischen Kunst und Kunstgewerbe keine so scharfe Trennungslinie gezogen wird, daß künstlerische Produktion mit Gebrauchswert – wie schon von Art Deco propagiert – nicht scheel angesehen wird, ist dabei ein nicht unwesentliches Faktum.

Käthe Berl reüssiert schnell. Aber nach dem Krieg geht sie von Amerika nach Palästina. Sie erfüllt sich damit einen Wunsch, den sie seit ihrem zehnten Lebensjahr, seit der Lektüre eines Buchs von Selma Lagerlöff, mit sich herumgetragen hat. In Palästina trifft sie den Arzt Fritz Littauer wieder, die große Liebe ihrer Jugendjahre, dem es, wenn auch schwer krank, geglückt war, aus Buchenwald zu entkommen. Die beiden heiraten und gehen gemeinsam zurück nach USA. Obwohl Fritz Littauer nie wieder ganz gesund wird und nach zehn Jahren stirbt, ist Käthe Berl überzeugt: »Diese Geschichte kommt mir, nach allem, was geschehen war, wie ein Märchen vor.«
*»I feel at home here«,* sagt sie. Sie hat im Laufe der Jahre viele Titel eingesammelt, viel publiziert, zahlreiche Einzel- und Gruppenausstellungen gehabt und an den verschiedensten Plätzen und Orten Vorträge und Lehrveranstaltungen gehalten, u. a. am *New York Board of Education, American Education Council, Metropolitan Museum, Museum for Contemporary Crafts* und an der Universität von

Long Island. Und weil sie auch dem Theater treu geblieben ist, verabreden wir uns für den Abend im Village zu einem Besuch des *Theatre 22,* in dem eben die »Antigone« von Sophokles angelaufen ist. Es ist sozusagen Käthe Berls Haustheater, für das sie Kostüme und Bühnenbilder entwirft. Ein kleines Theater mit sehr privater Atmosphäre, das einen fast vergessen läßt, daß man sich nicht in Wien oder München, sondern mitten in Manhattan befindet.

Doch, bestätigt sie uns nach der Vorstellung noch einmal, als wir noch eine Weile in einer Cafeteria zusammensitzen, man könne schon sagen, daß der Schritt über den Atlantik ihr eine neue Heimat geschenkt habe. Sie habe keine Schwierigkeiten, sich hier zu Hause zu fühlen. Und dann erzählt sie uns von ihren Reisen und davon, wie die unterschiedlichen Landschaften der verschiedenen Staaten sie in ihrer Arbeit inspirieren, und es ist, als möchte sie uns am liebsten auf der Stelle auf Entdeckungsfahrt schicken.
Sie ist also längst Amerikanerin durch und durch?
Tja, sagt sie, das sei allerdings ganz so einfach nicht zu beantworten. Aber sie habe da einmal aus Wien eine Einladung bekommen, sich an einer Ausstellung zu beteiligen, in der Fotografien über die Arbeiten von Auslandsösterreichern gezeigt werden sollten. Da habe sie nicht mitmachen wollen. »Auslandsösterreicher sind doch aus freiem Willen im Ausland, oder? Das bin ich ja nicht. Ich bin doch nicht freiwillig aus Österreich weggegangen. Daß ich

hier ein Heim gefunden habe« – sie lacht – »ist ein anderer Kaffee. Österreicherin, das kann ich sagen, bin ich keine mehr. Ich bin und bleibe eine Emigrantin, absolut. Ich habe einen amerikanischen Paß und ich fühle mich wohl hier.«

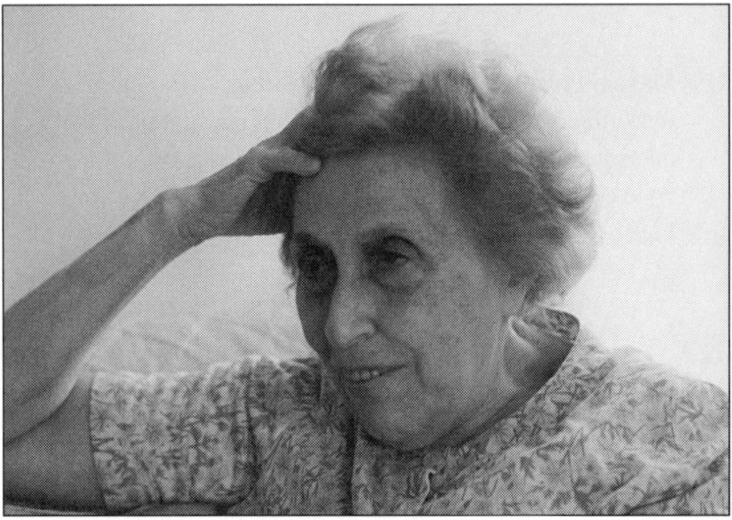

# AMALIA ELBERGER

Geschäftsfrau, Jahrgang 1913

## *»In New York lernt man mit anderen Maßstäben messen«*

Ein Geschäftshaus am Broadway, elfte Etage. An einer der vielen Türen steht: *Embroidered Specialities.* Dahinter ein schmaler Verkaufsraum; bis zum Ladentisch nur wenige Schritte, Kartons und bunte Ausstellungsstücke gestapelt in Regalen, farbig-bunt auch die bestickten Fahnen und Tücher, die als Musterexemplare aufgehängt sind, neben der Türe eine Pinwand mit Fotos von Kunden, insgesamt kaum Platz, sich umzudrehen. Aus einer offenen Verbindungstüre dringt das summende Geräusch einer Nähmaschine.

Als wir vor einigen Tagen Amalia Elberger in ihrem Haus in Queens besucht hatten, war uns im Laufe des dort geführten Gesprächs klargeworden, daß wir nicht versäumen durften, uns selbst ein Bild zu machen von diesem Geschäft, das zur Existenzgrundlage für drei Generationen geworden ist: Tochter und Enkelsohn von Amalia Elberger gehören seit dem Tod ihres Mannes, mit dem zusammen sie es aufgebaut hatte, als Partner dazu. Alle drei haben wir jetzt vor uns. Daß sich in diesen beiden Räumen der größte amerikanische Ausstattungsbetrieb für Freimaurerlogen befindet, ist kaum vorstellbar. »Wir geben die Bestellungen längst international an Fertigungswerkstätten heraus«, erklärt mir die Chefin. »Wir selbst erledigen nur noch die ganz dringenden Aufträge. Meine Tochter ist da Spezialistin. Sie ist viel schneller als ich und viel besser.« Nicht ohne Stolz holt sie ein paar Prachtstücke, die als Ansichtsexemplare dienen, aus dem Regal und breitet sie vor uns auf dem Ladentisch aus. Hüte, Umhänge und diese rechteckigen Tücher mit den Bändern am oberen Rand, die die stilisierten Maurerschürzen vorstellen. »Die Schürzen der *Shriners* sind noch prächtiger, weil die über den *Masons* stehen«, sagt sie, während sie auch Kelle, Hammer, Winkelmaß und einen Degen in prächtiger Scheide vor uns hinlegt. Anhand der Fotografien an der Pinwand wird mir die Verwendung all dieser symbolischen Ziergegenstände allmählich klar. Daß die Freimaurerei in den Vereinigten Staaten von viel größerer Bedeutung ist als bei uns, und schon immer war – »von den 56 Unterzeichnern der *Declaration of Independence* waren nur drei keine Logenbrüder, und der Großteil der amerikanischen Präsidenten gehörte auch dazu« – hat sie uns bei unserem ersten Treffen bereits erklärt. Über vier Millionen Mitglieder sind in den verschiedenen Logen zusammengeschlossen, und es gibt, wie sie an ihren Auftraggebern merkt, auch in zunehmendem Maße von Schwarzen getragene Bruderschaften. Daß in der europäischen Tradition dieser an humanitären Zielvorstellungen ausgerichteten Vereinigungen große Namen aufgetaucht waren wie Lessing, Wieland, Fichte, Goethe, Friedrich der Große, Scharnhorst oder auch Mozart und Haydn, hat die Freimaurerlogen nicht vor dem Druck der Nationalsozialisten bewahrt. 1933 wurden sie in Deutschland, 1938 in Österreich aufgelöst, bzw. wie die Wiener Loge *Humanitas* ins Exil nach Übersee transferiert. Mark Elberger ist dort in den sechziger Jahren Mitglied geworden. Ein paar Jahre später haben er und seine Frau ihren 1951 gegründeten und auf gestickte Oberbekleidung spezialisierten Betrieb aus der Saisonarbeit der *garment-line* ausgegliedert und ganz auf die Belieferung der Freimaurerlogen umgestellt. Aber angefangen hatte alles ja ganz anders...

Als Mark und Amalia Elberger, geb. Grünfeld, an ihrem zweiten Hochzeitstag im Mai 1938 Wien verlassen, um nach Beirut ins Exil zu gehen, ist weder von Freimaurerei noch von einem Einstieg in die Textilbranche die Rede. Beide stammen aus jüdischen Familien, Amalias Familie alteingesessen, Marks Familie aus der Bukowina nach Wien zugezogen – »aber beide überhaupt nicht orthodox, eher

sehr liberal« –, und haben eine Ausbildung im kaufmännischen Bereich absolviert: »Ich hatte die Handelsakademie besucht, mein Mann die Hochschule für Welthandel. Während ich bei einer Versicherungsgesellschaft gearbeitet habe, hat mein Mann aber, weil er hauptsächlich Musiker war, die Kapellmeisterberechtigung erworben und sein Geld also als Kapellmeister verdient.« Nicht zu wenig, sagt sie. Mark war ein gefragter Mann von großem Renommée. 1938 hat er mit seiner Kapelle ein festes Engagement in dem damals stadtbekannten, ganz oben im 'Hochhaus' in der Herrengasse gelegenen Restaurant. Bis zu jenem Freitagabend...« Da hat man ihn angerufen und ihm gesagt, daß es besser sei, er käme mit seiner Gruppe gar nicht mehr herein, alles sei voller Nazis.«
Für Mark Elberger steht fest, daß sie so schnell wie möglich aus Wien fort und überhaupt Europa verlassen müssen. Er sondiert verschiedene bei ihm vorliegende Engagementvorschläge, entschließt sich für Beirut, erhält vom französischen Konsulat das nötige Visum und bricht gemeinsam mit seiner Frau sofort in den Libanon auf. »Ich habe hauptsächlich Abendkleider dabei gehabt, nicht einmal einen Wintermantel. Wir haben so getan, als führen wir nur zu einer kurzen Konzerttournee ins Ausland.« In Beirut erhält er eine Musik-Dozentenstelle an der *Academie des Beaux Arts* und am *Conservatoire Nationale* und arbeitet gleichzeitig auch an einer armenischen Musikschule. »Alles wäre wunderbar gegangen, wenn ich nicht 1944, während ich mit meiner Tochter schwanger war ( der Sohn ist 1941 zur Welt gekommen ) Kinderlähmung bekom-

men hätte.« Man erkennt die Krankheit nicht, hält die Tatsache, daß Amalia Elberger von einem Tag auf den anderen nicht mehr laufen kann, für eine vorübergehende psychische Störung, läßt sie von einem Psychiater behandeln. Es dauert lange Zeit, bis sie nach der Geburt wieder ein wenig gehen lernt. Die Behinderung wird sie nie wieder los. Aber: »Ich erinnere mich nicht gern daran. Sprechen wir von etwas anderem.« Sekunden später hat sie schon ihre fröhliche Stimme, das Lächeln und den aufmerksamen hellen Blick wiedergefunden. Sie gehört nicht zu denen, die sich unterkriegen lassen. Und wenn sie erzählt, verbreitet sie eine solche Munterkeit um sich, daß man unwillkürlich überlegt, ob sie sich bei der Nennung ihres Geburtsdatums nicht vielleicht doch um zehn Jahre vertan hat.

»Also«, sagt sie, »bis 1950 sind wir in Beirut geblieben. Dann haben wir überlegt, ob wir zurückgehen sollten.« Nach Wien? – Ja, wirklich. Ernsthaft. – Keine Vorbehalte? Keine schlechten Gefühle? – »Nein, keine. Obwohl meine Mutter leider in Wien umgekommen ist. Aber unsere Geschwister haben sich absetzen können und die andere Verwandtschaft auch, zum großen Teil nach Amerika. Und wir selbst sind damals ja so schnell weggegangen, daß wir praktisch nichts mehr von dem, was dann passiert ist, mitbekommen haben. Nein, – mein Mann hätte gerne wieder in Wien gelebt.« Amalia Elberger aber erhebt Einspruch. Was sie von den Verwandten aus USA hört, klingt verlockend. Außerdem würden sie die Bürgschaft

übernehmen und ihnen ein Visum beschaffen. Und da sie aufgrund des Geburtsortes von Mark Elberger in die russische Quote fallen, die ja nicht ausgenutzt wird – nach der österreichischen Quote hätten sie warten müssen – können sie sofort übersiedeln. »Und Österreich war doch zerstört und überhaupt damals noch unter russischer Besatzung. Ich habe an meine Kinder gedacht und daran, daß sie jetzt die Chance haben könnten, in Amerika aufzuwachsen.« Sie gehen also nach New York.
Jedoch für Mark Elbergers Musikerkarriere bedeutet das das Aus. Er unterrichtet noch kurze Zeit an einem College, kann sich aber mit den Bedingungen, unter denen Musiker zu jener Zeit engagiert werden, nicht abfinden. Zu einem Orchester zu gehören, heißt nicht, übers ganze Jahr einen sicheren Job zu haben. »Eine Spielzeit von zwanzig Wochen im Jahr hat man ihm angeboten, und für den Rest der Zeit eine Anstellung als Kellner.« Dann doch lieber etwas ganz anderes. »Das ist halt Amerika. Man muß flexibel sein... Wir haben also angefangen mit diesen bestickten Damenpullovern. Das ging gut. Ich habe während der Saison bis zu dreißig Mädchen beschäftigt.« Doch die Gesetze der *garment-line* sind eben von genau dieser Saisonarbeit geprägt. »Die meiste Zeit haben wir Designerarbeit geleistet, Kollektionen entworfen und sie angeboten, und dann die Bestellungen eingeholt.« Bis einer ihrer Kunden, der Manager einer ihrer großen Abnehmerfirmen ist, mit einem Auftrag für eine Freimaurerloge auftaucht. »Aus dem einen Auftrag wurden mehrere. Ab da konnte ich wenigstens einige der Mädchen kontinuierlich beschäf-

tigen. Und mit der Zeit haben wir uns dann spezialisiert und ganz umgestellt. Und als es sich immer weiter ausgedehnt hat, haben wir Werkstätten im In- und Ausland gesucht, die die Sachen für uns anfertigen.«
*The American way.* Wer zum Sprung ins kalte Wasser bereit ist, stellt schnell fest, daß es trägt.
Aber die Musik und die Sehnsucht nach Österreich – ist etwas übriggeblieben davon? »Irgendwie schon«, sagt sie, »aber auf einer anderen Ebene.« Zum einen sei in der Familie immer Deutsch gesprochen worden. Die Kinder hätten im Libanon natürlich auch Französisch gelernt und dann hier Englisch, aber Deutsch sprächen sie genauso fließend – »und zwar mit richtigem wienerischen Akzent«. Zum anderen sei der Sohn ja Musiker geworden, habe zehn Jahre lang für den *Board of Education* gearbeitet, sich auf elektronische Musik spezialisiert und inzwischen seit vielen Jahren in Genf eine gutdotierte Stelle in der Supervision. »Er ist der eigentliche Rückkehrer von uns.« Sie selbst, sagt sie, ist 1967 zum ersten Mal wieder nach Wien gefahren. Nicht um zu überlegen, ob nicht vielleicht doch eine Rückkehr möglich sei, sondern einfach, um alles wiederzusehen. Sie ist dann öfter wiedergekommen. Einmal, erzählt sie, habe sie dabei ihrem Sohn das 'Hochhaus' in der Herrengasse zeigen wollen. Sie habe es erst nicht wiedererkannt, bis der Sohn sie auf eines der Häuser aufmerksam gemacht habe, das ihren Schilderungen entsprach. »Es war so klein. Und ist mir damals doch so ungeheuer hoch vorgekommen. Da ist mir klargeworden, daß man, wenn man in New York lebt, lernt, mit anderen Maßstäben zu

messen.« Hier genießt sie die sozialen Kontakte zu anderen Österreichern, die sich ergeben haben, als ihr Mann Logenbruder in der *Humanitas* geworden ist. »Das ist ein richtiges Netz. Und die Menschen, die dazugehören, sind schließlich nicht irgendwer.« Doch, natürlich seien auch die Frauen der Mitglieder in dieses Netz eingebunden. Was sie selbst angeht, so hat sie das ja nach dem Tod ihres Mannes erfahren, denn diese Kontakte sind bestehen geblieben. Überhaupt, seitdem sie jedes Jahr für zwei Monate nach Europa hinüberfahren kann, erst zur Kur nach Bad Gastein und dann nach Genf, um den Sohn zu besuchen, ist alles wieder nähergerückt. »Die Brücken sind ja nicht abgebrochen«, sagt sie. Und daß sie so, wie sich alles ergeben und eingependelt hat, ganz zufrieden ist, sieht man ihr durchaus an.

# LISA FRANK

Bibliothekarin, Jahrgang 1903

## *»Heimat – whatever it is«*

Sehr gerade und aufrecht tritt uns Lisa Frank in der Eingangshalle des *Austrian Institute* gegenüber. Sie trägt eine rote Jacke und schmale Hosen, hat die Lippen im selben Rot nachgezogen. »Ich bin ein Augenmensch«, charakterisiert sie sich später, »ich habe schon als Kind genau gewußt, was zusammenpaßt und was nicht.« Obwohl sie uns mit kräftiger Stimme begrüßt, wirkt sie auf mich so zerbrechlich, daß ich mich sofort dabei ertappe, wie ich nach ihrem Arm fassen, sie stützen will, als sie uns mit kleinen Schritten zur Treppe und in den ersten Stock vorangeht.

Entschieden wehrt sie meine Hand ab und betritt vor uns die Bibliothek, wo wir Platz und Ruhe finden, um uns zu unterhalten.

Fotografieren lassen will sie sich eigentlich nicht. Und warum ich darauf bestehe, ihr Geburtsdatum zu erfahren, mag ihr auch nicht so recht einleuchten – »das interessiert doch sowieso niemand«. Aber daß ich mich an dieses Vorhaben überhaupt gemacht habe, daß ich versuchen will, Einzelgeschichten zusammenzutragen wie Mosaiksteinchen und daß ein Buch daraus werden soll, das den jüngeren Menschen von den Erlebnissen ihrer Generation berichtet, findet sie in Ordnung. Nicht aus Eitelkeit, weil man selber darin gedruckt auftaucht, aber »es ist jetzt so viel Zeit vergangen und viele sind ja gar nicht mehr übrig.« Deutlich werden könnte dabei, wie sehr es darauf ankomme, Werte zu entwickeln, die nichts mit Geld und Reichtum zu tun haben, weil man dann, was immer auch geschehe, in der Lage sei, vorwärts zu schauen. Doch, Lisa Frank will auch gleich wissen, wer da auf meiner Liste steht, und überlegt, wer ihr darüberhinaus noch einfällt.

Ja, der Kreis derjenigen, die da vor und während des Kriegs in New York eingetroffen sind und sich an bestimmten Orten immer wieder zusammengefunden haben, ist klein geworden. »Damals war da eine Cafeteria am Broadway, und da war natürlich das Café Eclair, wo man hinging und wartete, daß wieder irgendwer, den man von früher her kannte, zur Türe hereinkam. Für die Deutschen hatte das

Café Geiger diese Funktion. Und für uns war dann ja als Organisations- und Anlaufstelle das *Austrian Institute* da. Das war 1938 von österreichischen Emigranten ins Leben gerufen worden – und es hatte damals natürlich nicht wie das heutige Institut, das eine Nachfolgegründung ist, die finanzielle Unterstützung der österreichischen Regierung. Das damalige Institut jedenfalls hat nicht nur Kontakte oder Wohnmöglichkeiten vermittelt, sondern auch Konzerte und Lesungen und Ausstellungen organisiert. Das intellektuelle Leben der Emigranten war doch von einer ganz enormen Bedeutung. Man muß sich ja nur einmal vorstellen, welche Leute das waren, die da aus ihrer Heimat – *whatever it is* – fliehen mußten.«

Heimat – *whatever it is*: Lisa Frank stolpert im Lauf unseres Gesprächs noch ein paarmal über diesen Begriff. Dann sagt sie, Heimat gibt es nicht, zumindest für sie nicht, und es gibt für sie auch kein wie auch immer geartetes Nationalgefühl. Oder dieses Sich-Zugehörig-Fühlen. Österreicherin? Pah. Jüdin? Ist das eine Identität? »Keine Religion macht einen Sinn. Religion macht die Menschen nicht zu Freunden, sondern zu Feinden. Sie separiert sie. Der einzige, der das richtige Gefühl für Gott gehabt hat, war Voltaire. Der hat von der Religion der Vernunft gesprochen. Ohne Vernunft geht nichts.« Selbstverständlich ist sie jetzt Amerikanerin, *absolutely*. Sie lebt doch hier, sie hat die Staatsangehörigkeit. Aber eigentlich, sagt sie, stünde sie nach wie vor hinter der Definition, mit der sie sich einer Lady, für die sie gleich zu Beginn in New York gearbeitet

habe, vorgestellt habe: »*I am an European of the twentieth century*«. Sie sei da ganz realistisch. Und überhaupt: »Der Mensch, der, nachdem man ihn hinausgeworfen hat, immer noch meint, er würde dazugehören – bei dem stimmt doch irgendetwas nicht, oder? Man konnte doch nicht wirklich glauben, daß in Österreich, nur weil der Krieg zuende war, alles vorbei und wie früher war.« Dies zu sehen, sagt sie, bedeute nicht, daß sie voller Haß oder mit dem Wunsch nach Rache oder Vergeltung an ihre österreichischen Landsleute denke. »Mir hat eigentlich Österreich viel mehr leidgetan als ich mir selbst leidgetan habe. Ich habe Mitleid mit denen, daß so etwas überhaupt möglich war.«
Sie spricht sehr bestimmt und pocht dabei zur Unterstützung mit den Fingern der linken Hand auf den Tisch. Zarte Handgelenke hat sie, schmale Hände, die nicht ruhig sein können. Die deutlich machen, daß sie gelernt hat, sich durchzuboxen. Umständehalber.

Von einem relativ behüteten Höhere Töchterdasein erzählt Lisa Frank, die eigentlich Alice Frankfurter hieß. Der Vater, Hofrat, war Direktor der Universitätsbibliothek und außerdem, gut dreißig Jahre lang, bis zum 'Anschluß', im Unterrichtsministerium zuständig für das Bibliothekswesen.
Alice-Lisa besucht das Lyzeum, macht ihren Schulabschluß und dann, auf Anraten ihres Vaters – »leider« – in einem großen Antiquariat eine Lehre als Bibliothekarin. Nach einigen Jahren wirft sie diese Arbeit hin, auch wenn sie erst einmal keine Vorstellung hat, was sie jetzt arbeiten wird.

Als ihr angeboten wird, beim *Künstlerbund Hagen* – im Volksmund bekannt als *Hagenbund* – als Sekretärin die Koordination der Aktivitäten zu übernehmen, greift sie zu. In der Zusammenarbeit mit den Bildenden Künstlern findet sie sich in ihrem Metier, hat die Herausforderung für ihre organisatorischen und gestalterischen Fähigkeiten gefunden, die ihr die Arbeit im Antiquariat nicht bieten konnte. Dem *Hagenbund* als Vereinigung moderner Künstler kommt neben der *Sezession* und dem konservativeren *Künstlerhaus* im Wien der Zwischenkriegszeit eine nicht unwichtige Rolle zu, da er für die Künstler jene Öffentlichkeit schafft, die durch das Fehlen offizieller Gelder für Künstlerförderung sonst kaum herstellbar ist. Die Aktivitäten sind vielfältig. Im Zeugnis, das Alice Frankfurter am 30. April 1938, dem Tag der endgültigen Auflösung der Künstlervereinigung, ausgestellt wird, heißt es bei der Beschreibung ihres Arbeitsfeldes dazu: »Wir haben nicht bloß Kunstausstellungen prominenter Maler, Graphiker und Bildhauer des In-und Auslandes veranstaltet, wir haben auch im Rahmen dieser Ausstellungen Festspiele arrangiert. Innerhalb dieser unserer Unternehmungen konnten wir einigen modernen Dramatikern zu Wort verhelfen. Neben Tanzaufführungen pflegten wir auch moderne Musik bedeutenderer neuerer Autoren. Weiters gaben wir große Künstlerfeste in den von den Künstlern unserer Vereinigung gestalteten Räumen, bei denen wir die Elite der Gesellschaft zu Gaste sahen.«
Im März 1938 ist Schluß damit. Alice Frankfurter muß die Auflösung des *Hagenbunds* abwickeln. Noch verdrängt

sie, daß auch sie selbst aufgrund ihrer jüdischen Herkunft jetzt gefährdet ist. »Wir waren doch vollkommen assimiliert. Und mein Vater war ja so ein hundertprozentiger Österreicher, daß er immer gesagt hat, zuerst bin ich Österreicher und erst in zweiter Linie bin ich Jude.« Trotzdem hat man den Vater gleich in der Nacht nach dem Einmarsch der Nationalsozialisten festgenommen. Sie wendet sich ans amerikanische Konsulat, bittet darum, daß man ihren in USA lebenden Cousin, Felix Frankfurter, der eine führende Rolle beim *Supreme Court Justice* spielt, verständigt. Dank einer Eingabe von Präsident Roosevelt und der Mithilfe des State Department wird der Vater wieder auf freien Fuß gesetzt. »Mein Vater hatte einen solchen Ruf in Wien, daß die Nazis es sicher nicht gewagt hätten, ihn umzubringen.« Doch das Visum, das ihm Präsident Roosevelt für sich und eine Begleitperson seiner Wahl schickt – »meine Mutter war ja lange tot, aber sein Arzt wäre mit ihm gefahren« –, nimmt er nicht in Anspruch. Er ist krank und will nicht mehr aus Wien fort. Tatsächlich bleibt er bis zu seinem Tod im Jahr 1941 von der Verfolgung der Nazis verschont. Die Tochter, hin- und hergerissen, ob sie bleiben oder gehen soll, unternimmt vorläufig nichts. »Meine Schwester hat in Mailand gelebt. Mein Bruder war inzwischen mit seiner Frau nach Amerika gegangen. Ich habe mir gesagt, ich kann doch diesen schwerkranken Mann nicht allein lassen.« Erst als der Präsident der Kultusgemeinde ihr zuredet, kümmert sie sich um Visum und Affidavit. Da ist längst Krieg in Europa. Ende 1940 kommt sie in New York an.

Darüber, daß andere Emigranten uns erzählt haben, dieser Neuanfang in Amerika sei relativ problemlos verlaufen, ist Lisa Frank erstaunt. Nicht, daß sie sich nicht habe selbst über Wasser halten können. »Ich gehöre nicht zu denen, die versorgt werden müssen«, sagt sie sehr bestimmt. Am Anfang, vielleicht für zwei Wochen, habe sie ein Zimmer bei der Hilfsorganisation von Rabbi Weiss gehabt. Dann habe sie sich selbst eine Unterkunft besorgt. Und auch einen Job. Als sie erkennen muß, daß ihr Englisch nicht gut genug ist, um in einer Kunstgalerie zu arbeiten, habe sie sich darauf besonnen, daß sie mit ihren Händen recht geschickt ist und habe Handschuhe geflochten. Nein, aber New York war damals für sie doch eine Art Kulturschock. Alles, was ihr vorher wichtig gewesen ist, kennt man hier nicht. Interesse an Malerei habe praktisch nicht existiert und sei erst ganz allmählich gewachsen. Sie erinnert sich an eine Van-Gogh-Ausstellung: »Die ist nur deshalb ein Erfolg geworden, weil eines der großen Kaufhäuser, Woolworth oder so, Reproduktionen von Van-Gogh-Bildern ausgehängt hatte. Da haben die Leute sich erinnert, daß sie das ja schon von Woolworth her kannten und haben sich die Originale angesehen.« Auch das Unverständnis, auf das sie trifft, wenn sie ihren Arbeitskolleginnen erzählt – sie arbeitet inzwischen in einer Handweberei, stellt Musterstoffe für die Fabrikproduktion her, spezialisiert sich später als Textildesignerin – sie sei am Wochenende im *Metropolitan Museum* oder einem anderen Museum gewesen, ist ihr noch gut in Erinnerung. »Warum ich da hingegangen sei, wollten sie wissen, was man da denn machen könne...«

Von daher sind ihr die Veranstaltungen und Anregungen, die vom *Austrian Institute* ausgehen, umso wertvoller. Lisa Frank ist überzeugt davon, daß die kulturellen Aktivitäten der Emigranten sich entscheidend und in allen Bereichen auf das Kunstverständnis der Amerikaner ausgewirkt haben. »Denken Sie nur an Billy Wilder, an Ernst Lubitsch, und vor allen Dingen denken Sie an alle die, die in der Musik gewirkt haben. Unsere Einwanderung war doch ein Glück für Amerika. Alle die Künstler und Intellektuellen, die sich hier niedergelassen haben, haben das Kunst- und Geistesleben beeinflußt. Zu der Zeit, als wir hierher gekommen sind, waren zum Beispiel die Konzerte schlecht besucht. Musik war nur für bestimmte Liebhaber da. Aber was seither daraus geworden ist – schauen Sie heute doch einmal in die *Sunday Times,* wieviele Veranstaltungen da angeboten werden.« Nein, sagt sie, sie will damit nicht sagen, daß es vorher keine amerikanische Kultur gegeben habe. Das zu unterstellen wäre ja bösartig. Die amerikanische Literatur sei doch großartig gewesen. »Aber was sich durch uns verändert hat, war, daß die Mittelschicht ins Kulturleben einbezogen wurde. Die Reichen haben sich schon immer ein Interesse an Kultur leisten können. Aber für die Massen hat sie nicht existiert. Heute, wenn es ein Kammermusikkonzert in der Carnegie Hall gibt, dann sind die 3000 Plätze dort ausverkauft.« Diese Liebe zur klassischen Musik sei durch das Wirken der europäischen Künstler gefördert und geprägt worden.

Am Anfang ist es ihr nicht leichtgefallen zu begreifen, daß die Menschen, mit denen sie täglich Umgang hat, ihre Liebe zu Kunst und Kultur nicht teilen. Diese Einsicht trübt ihr jedoch nicht den Blick dafür, daß es auch andere amerikanische Qualitäten gibt: »Nachdem ich in New York angekommen war, bin ich gleich am nächsten Tag ins *Museum of Modern Art* gegangen. Dabei habe ich der Frau an der Rezeption erzählt, daß ich eben aus Wien gekommen sei und dort als Sekretärin für den *Hagenbund* gearbeitet habe. Da hat sie kurz telefoniert und mir dann einen Dauerausweis gegeben, kostenlos. Der gilt heute noch. Das ist diese ungeheure amerikanische Großzügigkeit, auf die man damals überall gestoßen ist.«
Sie sieht sehr genau, daß die amerikanische Gesellschaft sich seither verändert hat. Daß das, was an kulturellen Ein-

flüssen aus Europa herübergekommen ist, trotz allem nicht den Stellenwert hat wie Business und Geld und Großmachtpolitik, die das amerikanische Leben in viel stärkerem Maße bestimmen. Lisa Frank steht dem nicht unkritisch gegenüber. Aber das sei kein Grund, nachträglich zu bedauern, daß sie hiergeblieben ist. Wenn alte Bekannte sie bei ihren Besuchen in Wien gefragt hätten, ob sie nicht lieber zurückkommen wolle, wäre ihr immer bewußt gewesen, daß es ein Unterschied ist, ob man sich zeitlich befristet irgendwo aufhält, oder ob man wieder Fuß fassen will. Ihr Bruder habe ja den Versuch gemacht zurückzugehen. Sie habe vergeblich versucht, ihm abzuraten. Er sei wiedergekommen...

»Man muß die Realität sehen, wie sie ist«, sagt Lisa Frank abschließend. Wir gehen nebeneinander die Treppe hinunter in die Eingangshalle des *Austrian Institute.* Ich habe dieses Mal nicht den Versuch gemacht, nach ihrem Arm zu greifen. *»Take care«,* sagt sie zu mir, als wir uns vor dem Haus die Hand geben. Dann dreht sie sich um und geht. Sehr gerade, sehr bestimmt.

# MIMI GROSSBERG

Schriftstellerin, Jahrgang 1905

## *»Nichts war einfach«*

»Willst du vielleicht einen verrückten Roman schreiben?«, fragt Mimi Grossberg mich, als ich immer wieder den Versuch mache, ihre Ausführungen in eine Art von chronologischer Reihenfolge zu bringen. Jetzt sitzen wir schon zum dritten Mal zusammen und ich fühle mich ziemlich so, wie es rund um mich herum aussieht: chaotisch und fast bis zur Hoffnungslosigkeit vollgepackt. Alle die Bücher, Briefe, Bilder, Cassetten, Kartons voller Notizzettel, Aktenordner und Erinnerungsstücke, dazu noch die Blumensträuße, die an den erst wenige Tage zurückliegenden

86. Geburtstag erinnern, lassen kaum ahnen, daß in diesem Raum auch Möbelstücke stehen, die eine andere Bestimmung haben könnten, als Ablagefläche zu sein. »Irgendwann einmal wird das besser«, versichert sie, aber es klingt nicht sehr überzeugend.
Sie hat sich auf ihrem Sofa ein Eckchen freigeschaufelt. Ich hocke auf einem halben Quadratmeter Boden zu ihren Füßen und mir ist noch nicht klar, wie es gelingen soll, den roten Faden – oder das Sesam öffne dich – in dem neben- und aufeinandergestapelten Sammelsurium von Erinnerungspartikeln zu finden, das mir hilft, ein adäquates Bild dieser kleinen zähen Persönlichkeit zu entwerfen.
»Ein verrückter Roman, wirklich«, sagt sie, »aber jemand müßte ihn schreiben. Ich selber hätte dazu keine Zeit.«
Jetzt sitzt sie da wie ein Schulmädchen, hat die Hände brav im Schoß gefaltet und nickt mir auffordernd zu: »Frag mich ruhig. Ich antworte, so gut ich es weiß.« Nur geht es ihr beim Erzählen ähnlich wie es ihr als kleines Mädchen ergangen ist beim Blumenpflücken auf dem Heimweg von der Schule, »was«, wie sie in ihrer Autobiographie *The Road to America* schreibt, »große Verspätungen und strenge Strafen meiner Mutter nach sich zog, die sich sorgte, denn ich ging oft einfach verloren, wenn die Blumenpracht gar zu stark in entgegengesetzte Richtungen verlief«...

Mimi Grossberg, geborene Emilie Buchwald, stammt aus einer recht begüterten Wiener Familie mit tschechisch-ungarischem Hintergrund. Der Vater hat eine Metallwarenfabrik, bis zum Kriegsausbruch 1914 draußen in Atzgersdorf – Mimis schönste Kindheitserinnerungen gehören in diese Umgebung –, später in Wien-Neubau. In der Familie werden keine jüdischen Traditionen gepflegt, sie ist assimiliert. »Ein Bruder meiner Mutter heiratete die natürliche Tochter eines Tiroler Erzbischofs«, berichtet sie und ergänzt: die Bekanntschaft der aus dieser Ehe stammenden *first cousins* habe sie – »begreiflicherweise« – nie gemacht. In der Grundschule beteiligt sie sich so lange am Schulgebet der Klasse, bis es ihr von einer Lehrerin untersagt wird. Da erfährt sie zum ersten Mal, daß es unterschiedliche kulturelle Traditionen gibt und daß Juden andere Menschen sind. Aber sie erlebt keine Diskriminierung, wächst sicher und beschützt auf, legt die Matura ab und weiß dann eigentlich nicht so recht, was sie mit sich anfangen soll. Daß sie auf die Anregung einer Schulfreundin hin – Mimi Großberg erzählt immer noch mit leuchtenden Augen von ihr: Klara Blum hieß sie, schrieb schon mit zwölf Jahren Gedichte, wurde später eine bekannte Schriftstellerin und arbeitete als Germanistin in Nanking – einen Englischkurs besucht, den sie zwar nie mit einem Examen zum Abschluß bringt, entpuppt sich als einer der unbewußt vollzogenen Schritte, die in der Zukunft von Bedeutung werden und deren es in Mimi Grossbergs Leben offensichtlich mehrere gab. Sie selbst ist in der ihr eigenen Bescheidenheit weit davon entfernt, für sich so positive Eigenschaften wie Umsicht oder praktische Vernunft reklamieren zu wollen. »Aber das war eben einfach so«, antwortet sie mir immer wieder, wenn ich wissen will, wie sie auf bestimmte Situationen reagiert oder welche Entscheidungen sie gefällt hat. Der Entschluß, nach Amerika zu gehen? »Na hör mal, das war kein Entschluß, das war die einzige Möglichkeit...«

Einzige Möglichkeiten: Daß sie sich zum Beispiel, weil sie ja irgendetwas arbeiten will, im Büro des väterlichen Betriebs um eine Beschäftigung kümmert – »der Betrieb hat mich interessiert aber eigentlich nicht das Büro«. Daß sie gegen die Entscheidung, eine Arbeiterin zu entlassen, opponiert und sich durchsetzt. Daß sie mit der Gewerkschaft, in der die Arbeiter dort organisiert sind, sympathisiert, aber erfahren muß, als Tochter des Chefs sei sie nicht zu den Versammlungen zugelassen, und daß sie die mit der eigenen Privilegierung verbundene Exklusivität nicht nur ablehnt, sondern sie auch für ihr ganzes künftiges Leben nie wieder anstrebt – nicht nur gehört sie zu den wenigen Emigranten, die immer noch in Washington Heights wohnen, obwohl das Viertel inzwischen fast ausschließlich von Puertoricanern und Mexikanern bewohnt ist; sie erklärt auch kategorisch: »ich esse grundsätzlich in keinem Restaurant, in dem man für ein Essen mehr als zehn Dollar zahlen muß«. Daß sie dem Vater, weil der sie nicht in der Krankenkasse angemeldet hat – was wiederum mit ihrer gesellschaftlichen Position zu tun hat – die Mitarbeit aufkündigt und dabei in Kauf nimmt, daß der Haussegen auf unabsehbare Zeit schief hängt. – Daß sie, während sie im Volksheim in Ottakring an Kursen von Alfred Adler teilnimmt, bemerkt, »was für eine Sauwirtschaft« da in der Bibliothek herrscht und sich anbietet, »ein bißchen« beim

Ordnungmachen zu helfen, und dann monatelang als unbezahlte Kraft auch die abendliche Ausleihe für Kursteilnehmer übernimmt. »Bücher haben doch von Anfang an eine so große Rolle in meinem Leben gespielt.« Daß sie in den Monaten, die sie 1926 wegen der Folgen einer schweren Bronchitis in Kur im italienischen Arco verbringen muß, die dabei vorgefundene Konstellation der Patienten allenfalls mit dem *Zauberberg* vergleichen kann und gar nicht auf die Idee kommt, sich aus den Verehrern eine 'Partie' zu angeln. Daß sie sich entschließt, weil sie am Ende dieser italienischen Reise aber einen jungen – von Berufs wegen – Reisenden kennenlernt, den sie heiraten will, wieder dem Rat ihrer Freundin Klara zu folgen und endlich eine ernsthafte Ausbildung zu machen, woraufhin sie Modistin, also Hutmacherin wird, und gleich in die Gewerkschaft eintritt. Und daß sie deshalb sofort im Oktober 1938, wenige Tage nach ihrer Ankunft in New York, zu arbeiten beginnen kann und mit den acht Dollar Wochenlohn Unterkunft und Verpflegung für sich und ihren Mann bestreitet: Jedes dieser Beispiele für sich genommen wirklich nichts als die jeweils 'einzige Möglichkeit'…?

»Wieso«, sagt Mimi Grossberg, »es hat sich halt immer so ergeben.«

Mehr kann ich ihr dazu beim besten Willen nicht entlocken. Für Schlußfolgerungen ist sie genausowenig zuständig wie für Verknüpfungen oder Chronologien. Eigentlich hatte sie gehofft, sie würde mir ihre vielen Notizen, die sie über andere Emigranten zusammengetragen hat, zur Veröffentlichung anvertrauen können. »Von denen muß die Rede sein, nicht von mir.« Sie hat sich ja immer wieder der anderen angenommen, hat über Berühmte und weniger Berühmte geschrieben. 1970 ist in Österreich und Deutschland ein Buch über 'Österreichs literarische Emigration' von ihr erschienen, ganz zu schweigen von den vielen Artikeln und Nachrufen, in denen sie an diejenigen erinnert, die ihr selbst am Herzen liegen: Namen wie Peter Altenberg, Alfred Polgar, Joseph Roth, Stefan Zweig finden sich da. Daß sie selbst nun Gegenstand meines Interesses ist, enttäuscht sie eher ein wenig. Noch dazu, wo doch sowieso alles schwarz auf weiß in ihrem Buch nachzulesen ist. »Ich hab es so kompliziert gefunden, das alles aneinanderzufügen, daß ich jetzt eigentlich gar nicht mehr weiß, warum ich mich so geplagt hab.« Ob wir nicht wenigstens über Norbert, ihren vor zwanzig Jahren verstorbenen Mann sprechen könnten?

Da muß sie mir doch unbedingt ein Gedicht vorlesen, das er geschrieben hat. – »Er hat doch immer geschrieben, immer.« – Wo ist es nur? Eigentlich müßte es hier zwischen diesen Papieren liegen. »Aber ich fang' jetzt mit dem Suchen lieber gar nicht an. Weil ich dann siebzig andere Sachen finde, und so viel Zeit haben wir nicht.«

Norbert Grossberg ist, schon zum Zeitpunkt als Mimi ihn kennenlernt, Reisender für optische Geräte. In den USA dauert es einige Zeit, bis er fachlich wieder firm genug ist, um in den Beruf zurückkehren zu können. Um sich einzuarbeiten, geht er als Arbeiter in eine optische Fabrik. Nachtschicht. Ob er außerdem hier viele Bücher veröffentlicht hat, will ich wissen. »Wieso? Er hat überhaupt keine Bü-

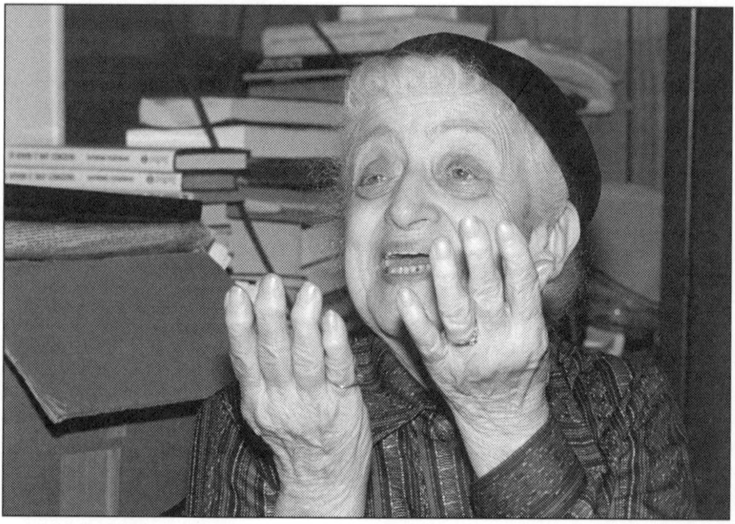

cher veröffentlicht.« Nicht? Aber hat sie nicht gerade vor kurzem im *Literarischen Verein* einen Vortrag gehalten, in dem sie ein Porträt des Schriftstellers Norbert Grossberg gezeichnet hat? »Ja. Natürlich.« Eine solche Leichtigkeit und einen solchen hintergründigen Humor findet man nicht so schnell ein zweites Mal. Wer die Gedichte in der *Schaukel* liest, wird das bestätigen können. – *Die Schaukel?* »Naja – dieses rote Buch da. Das ist in Wien erschienen, 1966. Alle wollten es haben. Es sind immer wieder kleine Auflagen nachgedruckt worden und dann haben wir die Bücher immer hergeschenkt.« Mimi Grossberg!

»Der hat doch auf jeden kleinen Zettel geschrieben. Und immer gedichtet.« Und weil das, was er geschrieben habe, immer so witzig klang, hätten die meisten Leute gedacht, er nähme überhaupt nichts ernst. Die Gedichte erscheinen in verschiedenen Zeitungen und Zeitschriften, unter anderem im *Aufbau.* Ihr selbst sei es auch oft so ergangen, daß sie sich zwar köstlich amüsiert, aber den eigentlichen Sinn erst beim zweiten oder dritten Lesen begriffen habe. Die Verleger übrigens hätten ähnlich reagiert. Jetzt hat sie plötzlich aus dem Papierstapel, der neben ihr auf dem Sofa liegt, ein Blatt herausgezogen: »das da, das da hab ich vorhin gemeint. Das war ein Gedicht, das ich eines Morgens auf dem Spiegel im Badezimmer gefunden habe:

*»Bitte spritze doch das Mittel / Über Boden, Wanne, Kittel / In dem Badezimmer heute. / Sonst erfahren bald die Leute / Dass wir haben der Russen Meute. / Freuen sich dann Jud und Goite. / Russen darf heut niemand haben / Auch wenn sie nur Küchenschaben. / So bekämpfe sie mit Lust / Besser noch mit Liquid Dust. / Der McCarthy könnt sonst sagen / Ohne dass ihn wer möcht fragen / The enemy has infiltrated / Our homes so consecrated / To the American Way of Life. / Help us in this holy strife.«*

Sie haben in der Bronx gelebt in den ersten Jahren. Das Geschäft, für das Mimi Grossberg, bevor sie sich selbständig macht, Hüte entwirft, ist nur einige Straßen entfernt. »Und natürlich bin ich gleich Mitglied in der *Union* geworden. Davon kriege ich heute eine Rente: 35 Dollar im Monat.« Nein – keine Angst – leben müsse sie davon nicht. Da seien doch noch die Renten ihres Mannes, eine von seiner amerikanischen Firma, und eine aus Österreich, wo er doch vor der Emigration so lange in die Versicherung

eingezahlt habe. Auch sie selbst bekommt noch eine kleine Rente aus Wien. Alles zusammen, sagt sie, ist genug, daß sie sich ums Geld keine Sorgen machen muß. Sie seien ihr Leben lang gut zurechtgekommen. »Da war eine Schublade in der Küche, da ist am Ende jeder Woche unser Lohn hineingekommen, und da haben wir herausgenommen, was wir gebraucht haben. Wenn der Norbert gesehen hat, daß da zu viel drinlag, hat er das Geld in die Bank getragen.«
Als er seine Reisetätigkeit wieder aufnimmt, kann Mimi ihn häufig begleiten. Die Auftragslage in ihrem Beruf ist saisonabhängig und sie ist nicht darauf angewiesen, übers ganze Jahr Geld zu verdienen. Sie genießt das. »Halb Amerika hab ich kennengelernt dabei. Außerdem hatte ich genügend Zeit für den Haushalt. Und auch fürs Schreiben.« Seit wann sie schreibt? »Na, schon immer.« – 'Immer', stellt sich später heraus, hat 1933 in Wien angefangen. Da sind erste Gedichte entstanden, die auch sofort veröffentlicht wurden. Zwei Jahre später folgt ein Lyrikband, der Mitte der fünfziger Jahre neuaufgelegt wird. In der Zwischenzeit in Amerika lernt sie zwar, auch in Englisch zu schreiben – Gedichte, Kabarettszenen, Erzählungen – , aber der neue Gedichtband, der 1957 in Wien herauskommt, ist ihr selbst doch viel wichtiger, weil er ihr das Gefühl gibt, daß jetzt die Fäden wieder angeknüpft sind. In diesem Jahr fährt sie, auf Vorschlag der ebenfalls in New York lebenden Rose Ausländer gemeinsam mit ihr nach Österreich, reist kreuz und quer. Im Kopf hat sie den Rat eines anderen Emigranten: man solle an den Ort zurückkehren, den

man gewaltsam habe verlassen müssen, um dann freiwillig wieder von ihm wegzugehen... Letzteres fällt ihr schon deshalb nicht schwer, weil sich inzwischen so viele Freundschaften entwickelt haben und so viele Kontakte bestehen, die ihr bei ihren schriftstellerischen Arbeiten den nötigen Rahmen geben. Sie zählt auf: da war das *Austrian Institute,* der *Aufbau,* der *New World Club,* der *Literarische Verein,* das *Leo Baeck Institute,* und da waren so viele interessante und nette Menschen...

Es war also, alles in allem betrachtet, relativ einfach, in Amerika Fuß zu fassen? – »Was heißt hier einfach? Nichts war einfach. Es war fürchterlich.« Doch, das Affidavit über eine Tante väterlicherseits habe sie für sie beide relativ schnell bekommen, und weil der Norbert gleich nach dem Einmarsch der Deutschen in Wien beim Konsulat die Nummern für die Visa beantragt habe, hätten sie eben im Herbst tatsächlich ausreisen können. Einen Tag vor ihnen verläßt auch ihr Bruder Wien. Er geht als 'Knopfdesigner' nach England. »Aber meine Eltern konnten doch nicht mitkommen. Die mußten über die ungarische Quote, und das war hoffnungslos. – Glaubst du vielleicht, das ist einfach, wenn du die Nachrichten von drüben bekommst und weißt, was in den Lagern geschieht, und du kannst nur dasitzen und absolut nichts unternehmen?« Die Bestätigung, daß beide Eltern in Auschwitz ums Leben gekommen sind, erhält sie nach Kriegsende.

»Da kann es dir noch so gut gehen«, sagt sie, »bis du über einen solchen Verlust hinwegbist, vergehen Jahre. Und das würde auch keine noch so hohe Wiedergutmachungszahlung ausgleichen können.« Die hat es von Österreich aus bekanntlich ja sowieso nicht gegeben. »Aber sie kümmern sich schon…«: 1974 hat man ihr das Goldene Ehrenzeichen für die Verdienste um die Republik Österreich verliehen. Im selben Jahr ist sie auch Mitglied des Österreichischen PEN geworden. Seither wird sie des öfteren zu Symposien und Veranstaltungen eingeladen, muß Vorträge halten. »Dann spreche ich über die österreichischen Exilautoren.« Im Sommer 1990 war sie zum Beispiel aus diesem Grunde wieder für mehrere Tage in Graz.

»Hast du jetzt endlich genug von mir?«, fragt sie mich, als sie sich vor dem Spiegel ein kleines schwarzes Hütchen aus Federn auf den Kopf setzt. Sie will noch, wenn ich jetzt zur U-Bahn gehe, eben mit mir über die Straße zu ihrem Kaufmann. Ohne Hut geht das nicht. »Das ist mir hängengeblieben von meiner Lehrzeit: du mußt nicht teuer angezogen sein, du mußt nur irgendetwas auf dem Kopf tragen, dann kannst du dich überall sehen lassen.« Mir ist, als sei Mimi Grossberg, seitdem sie den Hut mit Klammern im Haar festgesteckt hat, mindestens um fünf Zentimeter gewachsen. »Man hält sich ja ganz anders«, sagt sie und zieht die Tür hinter sich ins Schloß. Draußen spielt eine Gruppe Jugendlicher mit einem Baseball. Spanische Wortfetzen, laute Radiomusik aus einem Fenster. Der Wind bringt eine leere Plastiktüte die abschüssige Straße herunter. Vor dem Laden bleiben wir stehen. Getränkekästen stehen im engen Eingang, in der Auslage des Fensters

herrscht ein Durcheinander von Flaschen und Obstkisten. Drinnen höre ich den Besitzer mit einem Kunden auf Spanisch diskutieren.
Ob sie nie daran gedacht habe, von hier fortzuziehen? »Aber woher denn«, sagt Mimi Grossberg entrüstet. »Es hat mir zwar leidgetan, daß immer mehr Leute fortgegangen sind, die ich von früher her gekannt habe. Aber ich mag die Latinos. Die bringen Leben hier herein... überhaupt: jetzt wohne ich über 40 Jahre da. Ich wüßte ja gar nicht, wo ich sonst hinsollte. Und einen so netten Kaufmann, wie den hier, gibt's auch weit und breit nicht.«
Kein Wunder. Es gibt keinen anderen Kaufmann weit und breit. Geschweige denn einen netten.

# STELLA HERSHAN

Schriftstellerin, Jahrgang 1915

***»Wir haben immer gedacht, es ist unmöglich…«***

Sie habe sich oft gefragt, was aus ihr wohl geworden wäre, wenn sie damals nicht Wien hätte verlassen müssen, sagt Stella Hershan. Aber seit ihrem letzten Besuch dort vor zwei Jahren habe sie aufgehört, darüber nachzudenken. Da sei sie in einer Konditorei Zeugin einer Konversation zwischen zwei älteren Damen geworden, die am Nebentisch über ihren Torten saßen. »Ich werd mir heut abend ein Kotelett machen«, habe die eine gesagt. »Ich werd's in Mehl umdrehen und dann in Butter rausbraten.« – »Und ich hab noch einen Rest Champignonsuppe von gestern«, habe die andere geantwortet, »das reicht mir.« Sie, Stella, habe dagesessen und gewartet, was die beiden sich sonst noch erzählen würden. Vergebens. In dem Moment sei ihr deutlich geworden, daß auch sie sich heute möglicherweise genauso einsilbig ihrem Kuchenteller widmen würde, wenn das Schicksal sie nicht damals gezwungen hätte aufzuwachen.

»Ich hab nicht viel nachgedacht zu dieser Zeit und ich habe auch keine ernsteren Interessen gehabt..« Was Stella Hershan, geb. Kreidl, gelernt hat von klein auf, war, daß Mädchen, wenn sie nicht besonders schön sind, möglichst bald unter die Haube kommen müssen. Und da sie im Vergleich mit der Schwester das häßliche Entlein ist und noch nicht einmal Ambitionen hat, die Matura zu machen, geschweige denn irgendetwas zu studieren, ist es doch nur logisch, daß sie sich so schnell wie möglich mit diesem jungen Ingenieur, der ihr schon gefallen hat als sie erst neun Jahre alt war, verlobt... Ein bißchen mit Literatur, Geschichte und Sprachen hat sie sich auf einer Fortbildungsschule für junge Mädchen beschäftigt, nachdem sie das Gymnasium frühzeitig verlassen hatte. Jetzt macht sie einen Kochkurs. Sie ist achtzehn, als sie Rudolf Herschan heiratet. Kein Gedanke daran, daß im selben Jahr in Deutschland mit der Machtergreifung Hitlers etwas vor sich geht, was sich auch auf ihr Leben auswirken könnte. Deutschland ist weit weg...
Von beiden Seiten ist genug Geld da. Herschan hat nach dem Tod seiner Eltern gemeinsam mit seinem Bruder die

väterliche Firma, in der Eisenkonstruktionen hergestellt werden, übernommen. Und Stellas Eltern – der Vater ist Kaufmann – schenken dem jungen Paar zur Hochzeit einen Ford und beauftragen einen Architekten, ihnen eine weitläufige Wohnung einzurichten. Bauhausstil. Auch eine Köchin und ein Hausmädchen gibt es.

Stella Hershan – sie hat wie viele andere Emigranten die Schreibweise ihres Namens dem Amerikanischen angepaßt – holt ein Album mit den Architektenfotos aus jener Wohnung: große Räume, Designermöbel, die sich heute noch sehen lassen können – »aber Sie merken ja, mein Stil hat sich ziemlich verändert. Dies hier« – sie weist mit der Hand um sich – »ist die erste Wohnung, die ich ganz allein eingerichtet habe und in der ich mich wirklich wohlfühle.« Bücherregale, die bis an die Decke reichen, bestimmen jetzt das Bild. Am Fenster der Schreibtisch. Wenn sie sich vorbeugt, kann sie unten auf der Fifth Avenue dem Verkehr zuschauen. Greenwich Village. Zur New School sind es nur ein paar Schritte.
»Ich wohne hier sehr schön, die Taxis sind vor der Tür, das Haus ist sicher.«
Ja, sie ist jetzt mittendrin. Hat die Bibliotheken ganz nah, die Institute, auch die *Berlitz-School* an der sie seit zehn Jahren Deutsch unterrichtet. Daß sie ziemlich lang gebraucht hat, sagt sie, bis ihr klargeworden ist, daß sie sich durch die fehlenden Schulabschlüsse nicht den Weg verbaut hat um weiterzulernen, daß sie Kurse an der Universität und an der New School belegen, ihren Wissensdurst

stillen und auch Arbeiten schreiben und Examen ablegen kann. Mit dem kreativen Schreiben ist es etwas schneller gegangen. Das hat sie seit Anfang der fünfziger Jahre für sich entdeckt und es ist schnell zu einer Obsession geworden. Aber wenn ihr das einer früher, in Wien, gesagt hätte, daß sie in Amerika einmal Schriftstellerin werden würde…

Sie springt von der Couch, auf der sie gesessen hat, auf, läuft zu einem der großen Wandschränke im Eingangsbereich ihrer Wohnung, öffnet die Schranktüren: »Kommen Sie, sehen Sie sich das an.« Kartons. Sie greift einen heraus, hält ihn mir hin. Papier. Noch ein Karton, ein nächster. Alle voll bis obenhin mit maschinenbeschriebenen Blättern. In den Schrankfächern stehen noch viele. Sie blättert: »Das sind die Vorarbeiten zu meinem neuen Buch. Dies ist der Roman über Elisabeth. Hier sind die Recherchen dazu. Da – *shortstories.* Die stammen aus meiner Anfangsphase. Letztens hab ich mal drin rumgeschmökert – da sind Sachen dabei, die ich heute noch ganz gut finde.« Sie stellt alles wieder an seinen Platz, schließt die Türen. »Ich habe jahrelang gebraucht, um genug Englisch sprechen und schreiben zu können, und dann kommt der erste Roman ausgerechnet auf Deutsch heraus, und noch dazu in meiner Heimatstadt.«

Nach dem 11. März 1938, sagt sie, gab es von einem Tag auf den anderen keine Existenzgrundlage mehr für sie. »Wir haben immer gedacht, es ist unmöglich, die Welt wird das nicht zulassen; außerdem waren wir uns sicher, daß diese Wahlen für Schuschnigg ausgehen würden. Hitler hat das auch gewußt, denn wenn er geglaubt hätte, daß es anders kommen würde, hätte er nicht einmarschieren müssen. Daß die Leute dann mit Blumen empfangen wurden, ist eine andere Sache.« Die Eltern sind zu dieser Zeit, wie jedes Jahr im Frühling, in Nizza. Sie kommen nicht mehr zurück. »Über Nacht hat man gewußt, daß man weg muß. Da ist plötzlich eine neue Regierung da, man hört keine anderen Nachrichten mehr, man ist von der Welt abgeschnitten... – Wir haben dieses Auto gehabt und wollten in die Villa meiner Eltern nach Hietzing hinausfahren, um nachzusehen, ob alles in Ordnung ist. Da standen Männer, die Armbinden mit Hakenkreuzen trugen, und hielten uns auf. 'Ist das Ihr Auto?' – 'Ja.' – 'Sind Sie jüdisch?' – 'Ja.' – 'Geben Sie uns die Schlüssel.' Das Auto war weg... Eigentlich war das das erste Mal, daß ich gefragt worden bin, ob ich jüdisch bin, und ja gesagt habe.« Bis zu diesem Zeitpunkt war das Judentum für Stella Herschan eine Religion wie jede andere; da die Eltern nicht religiös waren, war ihr ihr Judentum nie bewußt geworden. Jetzt reicht diese bloße Zugehörigkeit zu einer Glaubensgemeinschaft aus, daß man ihnen ihren Wagen und – was viel schlimmer ist – auch den Betrieb wegnehmen kann.

Schwägerin und Schwager haben Verbindungen nach USA und können schon bald auswandern. Sie besorgen das Affidavit für Stella und Rudolf, die mit der kleinen Tochter inzwischen die eigene Wohnung aufgeben und ins Hiet-

zinger Haus ziehen. Es wird Januar 1939, bis die Papiere vollständig sind und auch sie Wien verlassen können. Sie reisen durch die Schweiz nach Nizza, nehmen Abschied von den Eltern und fahren dann über Paris nach Cherbourg und von dort mit dem Schiff nach New York.
Die ersten drei Jahre leben sie in Philadelphia. »Es war schön da«, erinnert sich Stella Hershan. »Wir wohnten in der Nähe der Universität. Ich bin nicht arbeiten gegangen, war mit meiner kleinen Tochter zu Hause und hatte bald Kontakt zu den Nachbarinnen. Dadurch habe ich ziemlich schnell Englisch gelernt. Außerdem waren wir, weil wir ja alle möglichen Dinge hatten herüberschicken können – Teppiche und Möbel und sogar zwei Pelzmäntel – ganz gut eingerichtet. Geld hatten wir allerdings sehr, sehr wenig.« Rudolf Herschan arbeitet als Mechaniker, für fünfzehn Dollar die Woche. »Aber es ist uns eigentlich nie eingefallen, daß wir etwas verkaufen könnten.«

Das erste Buch, das Stella Hershan viele Jahre später herausgeben wird, handelt von einer Frau, die in dieser ersten Zeit einen unauslöschlichen Eindruck auf sie gemacht hat: Eleanor Roosevelt – *a woman of quality,* wie sie sagt. Sie ist fasziniert von Eleanor Roosevelts Engagement für die Emigranten, fasziniert auch davon, daß diese, um der in der Bevölkerung weit verbreiteten Ablehnung der Flüchtlinge zu begegnen, öffentlich äußert, die Emigration stelle für beide Teile ein Positivum dar: einerseits biete Amerika für die aus ihren Ländern Vertriebenen Zuflucht und eine neue Heimat, andererseits aber brächten die Men-

schen, die sich jetzt hier ansiedeln müßten, ihre Kultur, ihre Talente und ihr Wissen ins amerikanische Leben ein und bereicherten es damit. Als Stella Hershan Jahrzehnte später an der *New School* studiert, fängt sie an, die Erinnerungen unterschiedlichster Menschen aus der ganzen Welt an Eleanor Roosevelt zusammenzutragen... Für sie selbst, ergänzt sie, war zu jener Zeit noch etwas anderes wichtig: »Eleanor Roosevelt hat damals jeden Tag in der Zeitung eine Kolumne geschrieben, die *My Day* hieß. Ich habe sie regelmäßig gelesen. Sie hat sehr einfach geschrieben, so daß auch ich es verstehen konnte. Auf diese Weise habe ich von ihr viel über Amerika gelernt.«
In Philadelphia lernt sie außerdem, was es heißt, arm zu sein. Der Gedanke, daß ihr Mann mit seiner beruflichen Qualifizierung sich, wie so viele andere Emigranten, unter Wert verkauft, gibt schließlich den Ausschlag, daß sie ihr letztes Geld zusammenkratzt und mit der Tochter nach New York fährt. Sie will sich mit ihrer Familie beraten – die Eltern, nach der Besetzung Frankreichs durch die Deutschen als feindliche Ausländer festgenommen, sind inzwischen auch hier – und will vor allen Dingen versuchen, einen anderen Arbeitsplatz für Rudolf zu finden. Sie hat Glück. Er bekommt eine Stelle im Schiffsbau und verdient dort fast 100 Dollar die Woche. Nachdem Stella die neue Wohnung am Riverside Drive – der besseren Wohngegend der Emigranten in New York – eingerichtet hat, besorgt sie einen Kindergartenplatz für die Tochter und sucht sich selbst einen Job. Jetzt ist sie es, die für fünfzehn Dollar arbeitet. In einem Kaufhaus als Kosmetikverkäuferin für Eli-

zabeth Arden. Aber: »Als ich meinen ersten *paycheck* bekam, war das der schönste Tag in meinem Leben. Für mich war Geld doch immer etwas gewesen, was mir entweder mein Vater oder mein Mann gegeben hatte«. Sie macht das ein paar Jahre lang, nimmt dann an einem *correspondence course* einer kalifornischen Bildungsinstitution teil, schreibt, schreibt, schreibt... Der Weg zur Universität und später zur *New School of Social Research* ergibt sich wie von selbst – »weil ich doch endlich das lernen mußte, was ich als Kind nicht lernen wollte«.

Ob sie sich mit ihrem Schicksal ausgesöhnt hat? – Was heißt hier ausgesöhnt? »Ich finde es nach wie vor eine Ungerechtigkeit, daß man als Jude klassifiziert wird und nicht in erster Linie als Deutscher oder Österreicher. Aber trotzdem hat man nie daran gedacht, daß man zurückgehen würde, um sich wiederzuholen, was einem weggenommen wurde. Man war auch so verletzt, daß das Heimatland einen nicht mehr will. Mein Mann wäre niemals zurückgegangen und er ist auch niemals mehr hingefahren. In unserem ganzen Bekanntenkreis war niemand, der zurückgegangen ist. Unserer Meinung nach wäre es charakterlos gewesen... Nicht einmal nach Europa sind wir gefahren. Auch als meine Tochter ihre *Highschool Graduation* gemacht hat und viele Eltern den Schulabschluß zum Anlaß nahmen, um mit ihren Kindern auf Europa-Tour zu gehen, bin ich mit ihr mit Bus und Eisenbahn durch Amerika gefahren. Mir bedeutet Amerika sehr viel. Ich gehöre nach Amerika. Ich bin jetzt Amerikanerin, auch wenn ich gebürtige Österreicherin und dort aufgewachsen bin. Das ist natürlich ein Teil von mir. Aber seit 50 Jahren in Amerika, wäre es doch sehr traurig, wenn man nicht Amerikanerin würde. »

Daß ihre Bücher aber – »aus irgendeinem Grund« – immer in Österreich spielen, immer in der österreichischen Geschichte angesiedelt sind, die sie als Kind nie gemocht habe, ist offensichtlich ein anderes Kapitel. Ob es ihr nicht auch seltsam vorkäme, daß ein anderer sie für sie ins Deutsche übersetzen muß? »Nein«, sagt sie, »ich könnte das nicht selbst machen.« Und *Der nackte Engel* sei doch auch sprachlich ganz gut gelungen… *Der nackte Engel* ist eine Geschichte um eine russische Prinzessin, die die Geliebte Metternichs war. Sie wurde im selben Jahr, 1972, veröffentlicht wie ihr Buch über Eleanor Roosevelt, zuerst in Wien, wie gesagt, hat dann mehrere Auflagen auch als Taschenbuch erlebt und ist außerdem auch in England, den USA, Holland und Italien erschienen. Als *popular writer* bezeichnet sich Stella Hershan, und Frauen in der Geschichte seien ihr Thema – »weil die von den Historikern immer entweder vergessen oder irgendwie falsch dargestellt werden.«

Dabei ist sie sich klar darüber, daß sie irgendwie zwischen den Stühlen sitzt. Sie hat es nicht nur einmal erlebt, daß ein fertiges Manuskript abgelehnt wurde, weil es von der Thematik her nicht in den amerikanischen Buchmarkt paßt und gleichzeitig von deutschsprachigen Verlegern aber

ebenso als nicht im Trend liegend angesehen wird. Aber sie läßt sich nicht entmutigen, weiß sehr genau, daß der Zeitpunkt, wann ein Buch eine Chance hat, nicht unbedingt mit dem Zeitpunkt, wann es geschrieben wurde, zusammenfällt. Ihre Pläne, ihre Projekte sind vielfältig. Und es freut sie natürlich, daß im nächsten Jahr wieder ein Buch in Deutschland erscheinen wird – übersetzt aus dem Amerikanischen selbstverständlich.
Über Märchen sprechen wir, über Traumdeutung. Mit C. G. Jung hat sie sich an der Universität beschäftigt, als sie Psychologiekurse belegt hat. Dabei sei doch einiges Neue in ihr Leben getreten... Ja, fällt ihr ein, wenn sie an ihre Kindheit zurückdenke, das Märchen von Rumpelstilzchen sei doch das Märchen gewesen, das sie schon als ganz kleines Kind am stärksten beeindruckt habe. Manchmal komme sie sich auch tatsächlich so vor wie dieses Mädchen, das zu seiner eigenen Rettung habe Stroh zu Gold spinnen müssen...

Jetzt will ich aber doch noch wissen, was letztlich dann den Ausschlag gegeben hat dafür, daß sie inzwischen wieder besuchsweise nach Österreich fährt. Sie überlegt. War es, als dieser Wiener Verleger ihren Roman gekauft hat? »Ja«, sagt sie spontan, »da bin ich zum ersten Mal wieder dort gewesen.« Dann stockt sie, schüttelt den Kopf. »Das stimmt ja gar nicht. Das war ja schon das zweite Mal. Ist das nicht bezeichnend, daß ich das ganz vergessen habe?« Das erste Mal war nämlich, erklärt sie, tatsächlich bereits im Jahr davor. Ihr Mann war 1970 gestorben. Und Toch-

ter und Schwiegersohn haben auf sie eingeredet und sie gebeten, sie solle mit ihnen nach Wien fahren. »Sie wollten endlich sehen, wo ich hergekommen bin.« Die beiden Enkelsöhne sind auch mit von der Partie. Aber: »Das war kein sehr gutes Zurückkommen: für meine Tochter und ihre Familie war es eine Reise, sie waren Touristen, und für mich war es ein Trauma. Ich habe gemerkt, wenn ich dort aus dem Flugzeug steige, bin ich sofort wieder Österreicherin. Die Leute verlangen nicht einmal meinen Paß, weil sie an meiner Sprache hören, wo ich herkomme.« Und das Trauma wird perfekt, als ihr dann auch noch ein Fiakerkutscher erzählt, es sei heute in Wien ja alles ganz anders, heute würde er sofort eingesperrt werden, wenn er sagen würde: 'Der Hitler hat schon recht g'habt, daß er alle Juden vergast hat – aber bittesehr, gnädige Frau, ich sag's ja nicht, ich mein' ja bloß, w e n n…' »Nein«, sagt sie, »also – das erste Mal habe ich vergessen.«
1972 aber nimmt sie einen Sechswochenkurs über Hesse und Jung an einer amerikanischen Schule in der Schweiz zum Anlaß, um von dort aus allein nach Wien zu fahren. Dieses Mal, ohne Familie, kann sie sich auf sich selbst und auf ihre Erinnerungen konzentrieren und sich besser umsehen und hat auch keine traumatischen Erlebnisse mehr. Seither ist sie öfter dortgewesen. Es tut jedenfalls nicht mehr weh. Aber was sie beobachtet dort und was sie beschäftigt und was sie herausfinden will: »Die Frauen – überhaupt die Menschen – in Europa: wenn sie alt werden, dann sind sie alt. Warum ist das so? Interessieren sie sich nicht für andere Dinge?«

# ERNA JONAS

Pianistin, Jahrgang 1906

## *»So bekannt wie in Wien bin ich hier nicht geworden«*

Die New Yorker *doormen* sind in Streik, und da ohne diensthabenden Pförtner die Innenportale der vielstöckigen großen Wohnhäuser für Besucher verschlossen bleiben, hat Erna Jonas uns versprochen, zur verabredeten Zeit in der Eingangshalle auf uns zu warten. Klein und zart, den Wohnungsschlüssel in der Hand, steht sie hinter der Glastüre und lugt heraus, als wir ankommen. Während der Lift uns ins elfte Stockwerk bringt, erzählt sie uns, wie die Hausbewohner in diesen Tagen sich ohne die *doormen* organisieren, wie sie freiwillig abwechselnd Dienst in der Halle tun, Besucher empfangen und sie telefonisch anmelden, ihnen den Weg weisen, auch die Post und die Zeitungen an die Mitbewohner weitergeben. Wie plötzlich alles ein wenig zusammenzurücken scheint und man nicht mehr so entsetzlich schnell aneinander vorbeihastet. Denn daß die Menschen eigentlich kaum Zeit füreinander haben, sagt sie, sei ihr tatsächlich erst in den letzten drei Monaten so richtig bewußt geworden, seitdem ihr Mann tot ist. Jetzt spürt sie die Einsamkeit, und umso deutlicher auch, daß es nicht ausreicht, wenn die beste Freundin nur eben schnell einmal vorbeikommt, um die Einkaufstüten abzuliefern. »Man kann mit niemandem reden, weil sie alle so beschäftigt sind.«

In ihrem Wohnzimmer sind die Sitzmöbel mit Plastik überzogen. Plastikfolie liegt auch auf dem Teppich. Das einzige Möbelstück, das nicht eingepackt ist, ist der Flügel vor dem Fenster. Fotografien in Standrahmen stehen auf ihm aufgereiht, alte Fotografien, Porträtaufnahmen. Fotos auch in den Regalen vor den Büchern. Im Lauf unseres Gesprächs wird sie eines nach dem anderen heranholen, uns die zu den Gesichtern gehörenden Namen nennen, erzählen, welche Rolle diese Menschen in ihrem Leben gespielt haben, auch ihre Verwunderung darüber zum Ausdruck bringen, daß uns kaum einer dieser Namen bekannt ist. »Ach, den großen Leschetitzky kennen Sie gar nicht? Haben Sie nie von ihm gehört? Und von Emil von Sauer auch nicht??«

Zum großen Theodor Leschetitzky wurde die kleine Erna Jonas, gerade sechs Jahre alt, von ihren Eltern geschickt, als sie wissen wollten, ob die Tochter sich dazu eigne, Pianistin zu werden. »Ich hab keine Jugend gehabt«, faßt Erna Jonas heute das Resultat dieses Besuchs kurz zusammen, »ich wurde ein Wunderkind«. Die Eltern – Vater und Mutter verdienen den Lebensunterhalt gemeinsam durch Violin- bzw. Klavierunterricht – fördern mit Ehrgeiz die Künstlerkarriere der Tochter: vier Stunden Klavierspiel täglich und statt Schulbesuch und Spiel mit anderen Kindern Privatunterricht. Die Klavierlehrerin spart nicht mit Prügeln, wenn dem Kind die Finger nicht so parieren, wie das Stück auf den Noten es erfordert. »Auf dem Flügel da steht ihr Bild«, sagt Erna Jonas und kann noch heute einen gewissen Schauder in der Stimme nicht verbergen. Wieso sie es sich so sichtbar ins Zimmer gestellt habe? »Ich habe sehr viel bei ihr gelernt.« Der Kopf mit dem seitlich gescheitelten glatten weißen Haar nickt bekräftigend. Keine Frage – die Lektionen von damals sind hängengeblieben. Die Eltern konnten stolz sein: mit elf Jahren gibt Erna ihr erstes Konzert. »Und die Zeitungen haben mich zu meinem Verdruß noch um ein Jahr jünger gemacht. Das war entsetzlich für mich, wo ich doch so gern erwachsen sein wollte...« Dabei führt sie ja tatsächlich viel schneller als andere ein Erwachsenenleben, arbeitet hart an ihrer von den Eltern anvisierten Künstlerkarriere, erhält jetzt Unterricht bei Emil von Sauer – kostenlos sogar, »ich war die einzige überhaupt, die er umsonst unterrichtet hat«, weil er, als er sie spielen hört, von ihrer Begabung und ihrem Fleiß so-

fort überzeugt ist – und verdient auch noch sehr bald selbst Geld als Klavierlehrerin. »Das hat mir dann später in New York am meisten genützt. Fünfzehn war ich, als ich meinen ersten Schüler bekommen habe. Ich war doch damals schon eine sehr etablierte Pianistin.« Nein, Freundinnen hatte sie natürlich keine. Die Einsamkeit, über die sie jetzt klagt, nachdem sie immerhin 49 Jahre lang mit dem ebenfalls aus Wien emigrierten Harry Knecht, den sie in New York kennenlernte, eine abwechslungsreiche und glückliche Ehe geführt hat, hat sie damals schon zur Genüge erfahren. Dieses Kapitel, hatte sie geglaubt, sei ein für allemal abgeschlossen gewesen. Wenn sie jetzt eine Familie hätte hier, Kinder – es wäre leichter. Nur: wo sie doch selbst schon keine eigene Kindheit gehabt hat…
Da ist ein junges Mädchen, das zu ihr zum Unterricht kommt. »Die ist wie meine Tochter – doch: sie ist meine Tochter. Wir lieben uns sehr. Sie spielt in der *Leschetitzky Association,* ganz wunderbar. Ich unterrichte sie kostenlos. Ich will nicht mehr reich werden.«

Doch, es gibt noch Verwandtschaft: es gibt einen Schwager hier in New York. Und recht engen Kontakt hat sie auch zu ihrem Neffen Werner, einem Sohn ihres Cousins, der in Wien mit seiner Familie das Dritte Reich überlebt hat, »weil er eine Christin geheiratet und seine Kinder zum Glück hat christlich erziehen lassen«. Mit Werner telefoniert sie ab und zu, aber als er ihr nach dem Tod ihres Mannes angeboten hat herüberzukommen, hat sie abgelehnt. »Was hätte ich mit ihm hier anfangen sollen?« Im Moment

vergräbt sie sich lieber, hängt ihren Erinnerungen nach. Sie braucht das. Noch ist der Schmerz zu frisch.
Wir haben einen Karton mit Fotografien vor uns. Bilder von einer Konzertreise nach Vermont, eine ganze Serie, Erna Jonas an der Seite von Harry Knecht. »Als junger Mann«, sagt sie, »hat er ausgesehen wie ein Zwillingsbruder des Duke of Windsor. Er ist nicht nur einmal verwechselt worden mit ihm.« Neben ihm sieht sie wirklich aus wie ein kleines Mädchen. »Ich weiß auch nicht, warum Männer so viel schneller älter werden als Frauen...«

Sie war dreizehn, als die Mutter starb. Dann war da die Poldi, die Wirtschafterin, »die hat mich großgezogen. Die war meine Ersatzmutter.« Zur Poldi ist sie auch gleich 1950 wieder nach Wien gefahren – »ich mußte doch sehen, wie es ihr geht«. Aber nein, zurückkehren nach Wien wollte sie nicht.
»Wissen Sie, schon als ich weggegangen bin, war mir klar, daß das eine endgültige Sache war.« Sie hat sich ja durchgeboxt hier, und sie war ja zu diesem Zeitpunkt auch schon seit Jahren verheiratet. Harry Knecht – er ist 1938 nach USA emigriert – arbeitet als *salesmanager* für eine schwedische Büromaschinenfirma und ist sehr erfolgreich in seinem Beruf. »Der hatte Heimweh, der hat um Wien getrauert. Er wollte zwar auch nicht mehr dort leben, aber er ist immer wieder hingefahren.« 1984 waren sie zum letzten Mal gemeinsam dort.
Sie selbst ist im November 1939 in New York angekommen. »Mit einem englischen Schiff, weil England damals

noch nicht im Krieg war.« Um ein Affidavit zu bekommen, hat sie in der amerikanischen Botschaft in Wien das New Yorker Telefonbuch durchgesehen: »Alle meine Freunde und Bekannten hatten jemanden hier, der die Bürgschaft für sie übernehmen konnte. Ich hatte niemanden.« Sie hat sich Namensvettern herausgesucht, es gab mehrere Jonas in New York, und hat ihnen Briefe geschrieben: 'Bitte helfen Sie mir. Schicken Sie mir ein Affidavit. Ich bin Pianistin, ich kann mich selbst ernähren, aber ich muß hier weg und ich brauche jemanden, der für mich bürgt...' »Ich habe drei oder vier Affidavits bekommen.« Den Vater muß sie zurücklassen. Er, ein gebürtiger Galizier, hätte nur über die polnische Quote auswandern können, und die ist ausgebucht. Wo genau man ihn hintransportiert hat, wo er ums Leben gekommen ist, hat sie nie erfahren.

Ob der Anfang sehr schwer war? Nein. Siebzehn Tage in Ellis Island – »weil meine Bürgen mich irgendwie verfehlt hatten, als sie mich am Schiff abholen wollten«. Aber Ellis Island war nicht schlimm: »Ich hab es sehr gern gehabt, weil ich gut zu essen bekommen habe dort« – was es immerhin in Wien für sie schon lange nicht mehr gegeben hatte. Dann also wird sie von einer der Namensvetternfamilien nach Manhattan herübergebracht, man besorgt ihr ein Zimmer zur Untermiete und lädt sie ein, die Mahlzeiten bei der Familie einzunehmen. Sie hat keine Schwierigkeiten, Schüler zu finden, die bei ihr Klavierunterricht nehmen wollen. Ihre Noten hat sie ja mitgebracht. »Ich mußte

anfangs noch zu den Schülern gehen. Dabei bin ich in alle Teile New Yorks gekommen.« Daß sie vorläufig kein eigenes Klavier hat zum Üben, bedrückt sie nicht besonders. »Ich bin doch von Natur aus ein fauler Mensch. Ich habe sowieso nie länger als vier Stunden am Tag geübt, und solange ich nicht aufgetreten bin, ging es auch so.« Aber es dauert nicht lange, bis sie selbst wieder Konzerte gibt. Unter anderem spielt sie in dieser ersten Zeit auch im *Friendship House,* einem in diesen Jahren beliebten Treffpunkt an der Eastside, wo sie auch ihrem späteren Mann zum ersten Mal begegnet. Und natürlich spielt sie da, wo die Emigranten zusammenkommen – im *Austrian Institute,* im *Literarischen Verein*… Sie macht auch Rundfunkaufnahmen. »Aber so bekannt wie in Wien bin ich hier nicht geworden.«

Als sie 1958 zu ersten Rundfunkaufnahmen für den ORF nach Wien fährt, bringt sie den Österreichern die Musik von Leonard Bernstein mit – »Ich war die erste, die ihn dort gespielt hat«.
Dann setzt Erna Jonas sich für uns an den Flügel. Bevor sie die Hände auf die Tasten legt, sagt sie noch: »die Canzonetta von Leschetitzky – ich spiel's Ihnen, aber ich kann nicht garantieren, daß ich's noch kann. Für dieses Stück hab ich viele Schläge gekriegt – oh, hab ich Schläge gekriegt dafür.« Und während sie uns eines der Phantasiestücke von Schumann und eben diese Canzonetta von Leschetitzky vorspielt, verwandelt sich dieses zarte Persönchen vor unseren Augen zu einer sehr kräftigen, energischen Frau. Es fällt plötzlich leicht, sich vorzustellen, daß Erna Jonas sehr wohl in der Lage war, sich mit ihrem Klavierspiel den Lebensunterhalt zu verdienen. »Ich hab keine besondere Technik, aber mein Anschlag ist gut«, erklärt sie, als sie sich wieder uns zuwendet. Und: »Sie war eine wunderbare Pädagogin, meine Lehrerin.« Das verblüfft mich doch einigermaßen: hat sie denn nicht eben noch von den Schlägen gesprochen, die sie von ihr bekommen hat?
Sie selbst ist 1982 vom Ministerium für Unterricht und Kultus in Wien zur Professorin ernannt worden. »Ich habe ja nun auch wirklich mein Leben lang unterrichtet.« Und zwar ohne Prügel, wie sie uns lächelnd versichert...
Daß sie immer gern hier gelebt hat, betont sie des öfteren. Daß sie zu Hause ist hier. Und daß sie jetzt, seitdem sie allein ist, auch merkt, wie viel ihr die sozialen Bindungen

bedeuten, die dadurch, daß ihr Mann Mitglied in einer Freimaurerloge war, zustandegekommen sind. Ein recht großer Bekanntenkreis sei das, und sie habe auch nicht vor, sich daraus völlig zurückzuziehen. Sie wisse schon, wie wichtig es für sie sei, wieder unter Leute zu gehen...
Ob es etwas gibt, was ihr in diesem Land, das zu ihrer Heimat geworden ist, nicht gefällt, frage ich sie. Sie schüttelt den Kopf. Dann überlegt sie. »Ja«, sagt sie schließlich, »der Haß auf die Schwarzen.« Aber vielleicht sei das gar nicht so sehr eine Angelegenheit der weißen Amerikaner? Vielleicht sei dieser Haß hauptsächlich unter den ehemaligen Emigranten so weit verbreitet? Jedenfalls habe doch letztens tatsächlich eine Bekannte gesagt, 'er ist ein Schwarzer, aber ein netter Mensch' – ob das nicht ungeheuerlich sei? »Sehen Sie, wenn mir zum Beispiel im Autobus jemand geholfen hat, dann waren das immer Schwarze. Die haben ein warmes Herz. Und ich bin sehr böse darüber, wenn ausgerechnet meine jüdischen Freunde die Schwarzen so hassen und wenn solche Bemerkungen gemacht werden, noch dazu von Leuten, die selbst vertrieben wurden...«

# MARY S. ROSENBERG

Buchhändlerin, Jahrgang 1900

## *»Es ist ja nicht so schwierig, wenn man es erst einmal anpackt«*

Bücher. Bücherregale, vollgestellt bis zur Decke, Regale, an den Wänden entlang und nebeneinander in Reihen, kaum Platz, sich dazwischen umzudrehen. Bücher auf jeder verfügbaren Fläche, auf den wenigen kleinen Tischen ebenso wie in Stapeln auf dem Boden. Bücher in deutscher Sprache, nach Sachgebieten geordnet, in alphabetischer Folge. Sorgfältig katalogisierte Bücher, neue und alte, alle denkbaren Ausgaben. Medizinische oder mathematische Fachliteratur, Psychologie, vor allem aber ungeheure Men-

gen an Belletristik. Kaum etwas, was nicht vorhanden, was nicht greifbar wäre in Mary Rosenbergs Buchladen. Zwei Räume im elften Stock. Wie groß sie sind, lassen die Regale nicht erkennen. 1841 Broadway, New York. Manchem deutschen Buchhändler, manchem deutschen Antiquar würden die Augen übergehen.
»Ich hoffe nicht, daß wir noch einmal umziehen müssen«, sagt Mary Rosenberg. Das letzte Mal, 1977, war es schon schlimm genug. Unschwer, sich das vorzustellen...

Sie hat uns zwei Stühle zwischen die Regale gestellt, damit wir möglichst nah zu ihr an den Tisch, der an der Stirnseite des einen Regals steht, rücken können. Zwischen ihrem Stuhl und dem Wandregal in ihrem Rücken bleibt kaum Platz zum Vorbeigehen. Doch da der Großteil der Bestellungen über Versand läuft, ist es hier relativ ruhig. Die großformatigen Kataloge, die sie übers ganze Land an Universitätsbibliotheken und *Public Libraries* verschickt, werden jährlich auf den neuesten Stand gebracht. Einige Male im Jahr ist sie mit einem ihrer Mitarbeiter auf Lehrerkongressen, wo sie der *Modern Language Association* deutsche Neuausgaben vorstellt und Bestellungen entgegennimmt. Außerdem bereist sie alle möglichen Bookfairs im Inland und besucht, wie ihre deutschen Kollegen, selbstverständlich auch regelmäßig die Frankfurter Buchmesse.

Sie ist eine Adresse in New York, Mary Rosenberg mit ihrem deutschen Buchladen. »Ich bin halt fleißig gewesen«,

sagt sie bescheiden, »ich habe wahnsinnig viel gearbeitet. Ich behaupte gar nicht, daß ich so besonders tüchtig bin…« Wie auch immer – was ihr jedenfalls nicht liegt, ist, sich selbst in den Mittelpunkt zu rücken oder viel Theater um die eigene Person zu machen. Auszeichnungen und Ehrungen – immerhin hat sie das Deutsche Verdienstkreuz bekommen und auch die Plakette des Deutschen Börsenvereins – schön und gut. Aber sich solche Trophäen auch noch möglichst sichtbar an die Wand hängen – warum denn? »Nicht sehr *outgoing*« sei sie, stellt sie fest, sie könne halt nicht so sehr viel von sich erzählen, denke auch immer, das, was andere erlebt haben, sei viel gewichtiger gewesen. »Ich hab doch Glück gehabt bei all dem. Immerhin haben sie mich nicht in ein Lager gebracht.«
Ihre Stimme hat immer noch den fränkischen Tonfall, verleugnet nicht, wo sie herkommt. Fürtherisch redet sie, unverblümt. Aber, sagt sie, seltsamerweise sei sie hier in Amerika gegenüber grammatikalischen Fehlern im Deutschen, wie sie im Dialekt vorkommen, sehr viel empfindlicher geworden, als sie es vorher gewesen sei.

»Eigentlich hätt' ich wahnsinnig gern Medizin studiert, aber dazu haben wir nicht genug Geld gehabt. Da bin ich gleich mit sechzehn Jahren ins Geschäft gegangen.« Ab 1916 also eine Lehre in der Buchhandlung des Vaters in Fürth. Sie fühlt sich wohl in diesem Metier, kann gut mit Menschen umgehen, schließt schnell Kontakte, kennt recht bald nicht nur ihre Kunden, sondern auch eine Reihe von Verlegern. Das kommt ihr dann zugute, als sie 1947 zum ersten Mal wieder geschäftlich in Deutschland unterwegs ist, um sich bei ihren Lieferanten neu einzuführen und in Erinnerung zu bringen. Sehr herzlich sei sie überall begrüßt worden – doch, man habe durchaus noch gut gewußt, wer sie war. »Die haben mich doch damals nicht mehr beliefern dürfen und haben sich gefreut, daß ich das alles überlebt habe.«

In Fürth hatte sie in den 20er Jahren eine juristische Fachbuchabteilung aufgebaut.«Zufällig«, sagt sie, sei sie auf die Idee gekommen, keinen Schimmer habe sie davon gehabt –, und diese Spezialisierung brachte der Buchhandlung bald einen neuen festen Kundenstamm unter den Anwälten ein, machte Mary Rosenbergs Namen weit über den Nürnberger Raum hinaus bekannt.

»Am 1. August 1933, auf den Tag genau siebzehn Jahre, nachdem ich angefangen hatte, bin ich rausgeflogen. Und meine Mutter und mein Bruder, die Miterben waren, auch.« Der Vater war im Mai gestorben. »Die Stadt Fürth hat das Lager übernommen – beschlagnahmt auf gut Deutsch, gestohlen könnte ich auch sagen.« Marys Bruder kann sich nach Italien absetzen, sie selbst versucht in ihrer Privatwohnung, die sie mit der Mutter teilt, weiterzumachen: »Ich hab versucht, auf den Trümmern meines alten Geschäfts wieder etwas aufzubauen. Manche Kunden habe ich noch eine Weile behalten, manche waren schon ausgewandert, manche nicht mehr zugelassen.« Die Gestapo sperrt ihr das Zimmer, in dem sie den Laden mit den von überallher aufgesammelten Büchern eingerichtet

hat, zu. Man verlangt, daß sie einen Käufer, der das Ganze übernähme, nachweisen soll. Sie findet jemanden, aber der paßt den Nazis nicht, weil er homosexuell ist. Zwei Wochen später wird er verhaftet. Wieder ist das Geschäft geschlossen, wieder muß sie nach einem Käufer suchen. »Es war ein Geschäft mit Reißverschluß...«
Aber: »Jeder von uns hat damals viel mitgemacht. Ich war weder im Gefängnis noch im KZ, aber es war trotzdem fürchterlich aufregend. Jeden Tag hat mir ein anderer Verleger geschrieben, daß er mich nicht mehr beliefern darf. Dabei stand ich mit den Leuten persönlich wirklich gut...«
Daß sie trotzdem erst im August 1939 Deutschland verläßt, sagt sie, dürfe man eigentlich gar nicht laut sagen. Es war einfach kein Geld da, um von einem Tag auf den anderen auszuwandern.
Marys Schwester, mit einem Arzt in Halle verheiratet, geht nach Schweden. Der Mutter verweigert man die Ausreise. Sie wird, zusammen mit vielen anderen Fürther jüdischen Bürgern abtransportiert, kommt nach Theresienstadt, überlebt wie durch ein Wunder. Nach der Befreiung des Lagers emigriert sie zu ihrer Tochter nach Schweden. »Ich hab sie noch ein paar Mal dort bei meiner Schwester besucht. Sie ist 94 Jahre alt geworden – obwohl sie im Lager auf sechzig Pfund abgemagert gewesen war.«
Um sich auf die Emigration vorzubereiten, fängt sie an Englisch zu lernen. In demselben Kurs sitzt ein junger Mann, Julius Laub, mit dem sie sich anfreundet. Er ist Kaufmann und auch er wartet auf die Papiere, die ihm die Ausreise in die USA ermöglichen sollen. Als Mary Rosen-

berg im August 1939 Deutschland verläßt, weiß sie nicht, ob sie sich je wiedersehen werden. Sie fährt erst einmal zwei Wochen in die Schweiz, macht Hochtouren – »ich hab ja gedacht, ich würd' im Leben keinen Berg mehr sehen« –, geht dann zu Bekannten nach England, wo sie genau bei Kriegsausbruch ankommt, schließlich im November nach New York. Zwei Tage vor ihr ist Julius Laub hier eingetroffen: »Ich dachte, ich falle vom Stuhl, wie ich das höre...« Ja, sagt sie, und dann sei die Sache ernst geworden zwischen ihnen. Nur heiraten wollte sie nicht in dieser Situation. Erst 1947 gibt sie ihr Jawort.
Darüber, daß es nicht einfach sein würde, wieder im Fach zu arbeiten, hatte sie sich keine Illusionen gemacht. Die Empfehlungen, die sie dabeihat, helfen ihr denn auch nichts. Sie spricht die Sprache zu schlecht, kennt sich auch in der amerikanischen Literatur nicht gut genug aus. Der Not gehorchend beginnt sie, sich selbständig zu machen: »Einmal habe ich für zehn Dollar Bücher gekauft und gleich die Hälfte davon an einen Händler weiterverkauft. Die andere Hälfte war mein *stock.*« Sie legt sie nebeneinander auf die Couch in ihrem möblierten Zimmer... tauscht, kauft und verkauft deutsche Bücher – »ich hab ja sonst von nichts Ahnung gehabt«. Der Anfang ist gemacht.

Wie es sich herumgesprochen hat und wer da bei ihr eingekauft hat? »Naja«, sagt sie, »die Emigranten haben ja alle selber kein Geld gehabt.« Die kamen eher, um ihr Bücher zum Kauf anzubieten. Und das waren zum Teil wahre Schätze, weil doch durch die Bücherverbrennung der Nationalsozialisten so viele Titel gar nicht mehr greifbar gewesen waren. Es spricht sich herum. Der Platz auf der Couch reicht bald nicht mehr aus. »Am Anfang hab ich gar nicht gewußt, wieviel ich für die einzelnen Titel verlangen kann. Das lernt man alles erst nach und nach.« Sie listet alle Bücher fein säuberlich auf, vervielfältigt diese Listen und verschickt sie. Läßt sie auch durch einen Wiener Buchhändlerkollegen, der ein Zeitschriftenantiquariat betreibt, seinen Katalogen beilegen. Die Resonanz ist mäßig. Die Bibliotheken, an die die Kataloge gehen, zeigen kein Interesse. Mary Rosenberg lernt daraus, daß sie sich an die Deutschen Abteilungen der Colleges und Universitäten wenden muß. Ganz allmählich kommt sie ins Geschäft. Nach ungefähr zwei Jahren mietet sie sich in der 108. Straße eine Wohnung, kann sich jetzt dort einen Laden einrichten. »In irgendeiner Ecke stand eine Couch zum Schlafen.« Sie wohnt heute noch da. Das Geschäft hat sie 1946 in die 72. Straße verlegt. »Westside«, sagt sie, »die Eastside war viel zu teuer.« Seit 1977 ist sie in den jetzigen Räumen am Broadway.

Zu ihrem Kundenstamm gehören bald auch so berühmte Namen wie Feuchtwanger, Werfel, Thomas Mann, Bruno Walter, Einstein – »die Leut' haben meistens bei mir ihre eigenen Bücher gesucht; die sind doch ohne ihre Bücher hier angekommen«. Thomas Mann bestellt per Katalog, andere kommen persönlich. »Ich weiß noch gut, wie der Werfel mit seiner Alma das erste Mal bei mir in der Wohnung war«, sagt sie lachend. Sie hatte ja, eigentlich in der Hoffnung, daß ihre Mutter auch nach New York kommen könnte, extra eine um zwei Zimmer größere Wohnung gemietet, »aber nach zwei Jahren war alles voll mit Büchern«... Eingekauft, sagt sie, hat sie schon immer gern. Einer ihrer Kunden – »ein ganz großer Rilke-Sammler«, Mathematikprofessor, erzählt ihr eines Tages, daß die Nachfrage nach seinen Büchern über Differentialgleichungen so groß sei, aber daß er keine Exemplare mehr davon habe. »Da hab ich angefangen, Bücher zu verlegen. Auch wenn ich gar nicht gewußt hab, was Differentialgleichungen sind. Die ersten Bücher waren große Erfolge, damit hab ich mehr Geld verdient als mit dem Bücherverkauf. Das waren Bücher, die hier wirklich gebraucht wurden.« Als eine Art Zwischenlandung charakterisiert sie diese verlegerischen Aktivitäten, die sie 1947 wieder einstellt: »Das war vor allem, um die Zeit zu überbrücken, bis ich wieder deutsche Bücher einkaufen konnte.« Doch nach den ersten mageren Jahren läuft dann alles ganz gut. »Und wissen Sie, an wem ich nach 1945 Geld verdient habe? An den deutschen Kriegsgefangenen. Für die hab ich eingekauft und wieder an sie verkauft.«

Das Geheimnis der Mary Rosenberg mag sein, daß sie niemals Angst hatte vor dem Sprung ins kalte Wasser. Daß sie nicht davor zurückschreckt, Neues auf gut Glück anzupacken. Daß sie das Selbstvertrauen hat, das nötig ist, wenn es darum geht, sich auf fremde Gebiete zu wagen. Daß sie genügend Energie aufbringt, hart an der Sache zu arbeiten. Und daß sie nicht davon ausgeht, jemand anderer würde ihr, wenn nötig, die Kohlen aus dem Feuer holen.

»Mein Mann«, sagt sie, »hat ein eigenes wissenschaftliches Buchantiquariat angefangen. Ich habe gedacht, es ist nicht gut, wenn er bei mir mit einsteigt. Er wäre immer unglücklich gewesen dabei, weil er gesehen hätte, daß er Dinge, die ich längst konnte, ganz von vorne lernen muß und wahrscheinlich nie aufholen kann. Also hat er für sich rumgewurstelt und ich habe für mich rumgewurstelt...«
Selbständig sein und bleiben. Sich gegenseitig nicht in die Quere kommen. »Bei uns war sowieso alles umgekehrt wie bei anderen Leuten. Er war auch die bessere Hausfrau. Kochen haben wir beide miteinander gelernt – es ist ja nicht so schwierig, wenn man es erst einmal anpackt.« Ein Credo? Nichts ist schwierig, wenn man es erst einmal anpackt...
Da ist wenig, was sie nicht angepackt hätte. »Naja«, sagt sie, »Kinder habe ich keine bekommen. Wir haben ja sehr

spät geheiratet. Und wir hätten gar keine Zeit dazu gehabt.« Daran, denke ich, mag nicht nur das Engagement im Beruf schuld gewesen sein. Denn jenseits aller subjektiven Entscheidungen, die möglicherweise hätten anders ausfallen können, haben die durch die nationalsozialistische Rassenpolitik geschaffenen Bedingungen schon dafür gesorgt, daß in Mary Rosenbergs Biografie gar keine Zeit blieb, um sich auch in dieser Rolle zu versuchen. Aber vielleicht muß man es anders betrachten: Wenn sie nicht nach Amerika hätte gehen müssen, hätte sie den Englischkurs nicht gemacht. Wenn sie den Englischkurs nicht gemacht hätte, hätte sie Julius Laub wahrscheinlich nicht kennengelernt… »Und es war ein so wunderbares Zusammenleben.« Zu kurz, ja. Julius Laub, neun Jahre älter als sie, ist lange tot. Er starb 1964.

»So viel über mich geredet hab ich noch nie«, sagt sie. Wie sie dasitzt, sich über die Tischecke zu mir beugt, mit dieser lebhaften Mimik und Gestik, macht sie jedoch nicht den Eindruck, als wäre ihr das besonders unangenehm. Sie fragt nur immer wieder zwischendurch, ob ich wirklich »diese ganzen Kleinigkeiten« wissen möchte. So fürchterlich bedeutungsvoll sei das doch alles nicht. Andere könnten da ganz andere Geschichten erzählen.
Als sie so nebenher bemerkt, daß sie am vergangenen Wochenende in Chicago war, geschäftlich einerseits, aber zum anderen weil sie bei Bekannten zu einer Bar Mizwa eingeladen gewesen ist, kommen wir zum ersten Mal auf ihr Judentum zu sprechen. Die Eltern, sagt sie, waren nicht religiös, und so habe sie als Kind und als Jugendliche auch keine Beziehung zum Judentum entwickelt. Sie sei »eigentlich erst durch Herrn Streicher« richtig zur Jüdin geworden… Nicht daß sie fromm sei, aber sie fühle sich seither eben sehr jüdisch. Eine Art von Zugehörigkeit, nicht genau zu definieren…

1947 ist sie mit ihrem Mann zum ersten Mal wieder nach Deutschland gefahren. Sie mußte ja ihre geschäftlichen Kontakte reaktivieren. Vor allem mit den großen Verlagshäusern wie Hanser, Vandenhoek oder Beck, die ja nie auf nationalsozialistischen Kurs gegangen seien und mit denen sie viel zu tun gehabt hatte, sei das »manchmal wie eine Wiedersehensfeier« gewesen. Im »großen und ganzen großartig« war das, sagt sie. Nicht so großartig dagegen hat sie das Wiedersehen mit ihrer Heimatstadt Fürth empfunden. »Ich hab da hingemußt wegen einer Wiedergutmachungssache. Für mich war das eine fremde Stadt, die mich überhaupt nicht mehr interessiert hat – abgeschrieben.« Die Hoffnung auf irgendeine Art von Entschädigung habe sie allerdings ebenso abgeschrieben: »Das war ja Nachlaßkonkurs geworden«, sagt sie, »die haben uns doch damals in Nachlaßkonkurs getrieben, sonst wär ich da überhaupt nicht mehr rausgekommen.« Nein, mit einer Entschädigung für den erlittenen Verlust hat sie nicht rechnen können. Aber darüber, daß die Renten aus den ganzen Berufsjahren, die ihr Mann ja in Deutschland gearbeitet hatte, bezahlt würden, sei sie heute recht froh.

Was einmal aus dem Geschäft wird, wenn sie nicht mehr weitermachen kann, hat Mary Rosenberg bisher nicht klären können. Es ist nicht so einfach, die richtigen Mitarbeiter zu finden. Nicht nur, daß sie Deutsch in Wort und Schrift fließend beherrschen müssen – um so einen Laden selbständig zu führen und am Laufen zu halten, braucht es, das weiß sie zu genau, ganz bestimmte Qualitäten. Und ob von den drei Mitarbeitern, die jetzt hier beschäftigt sind, wirklich einer ambitioniert genug dazu ist, wagt sie zu bezweifeln.
»Aber solange ich gesund bin…« Ärgerlich genug, daß sie sich vor drei Jahren einer Hüftoperation hat unterziehen müssen. »Alles Plastik«, sagt sie, »und mit dem Tennisspielen ist es leider seither auch vorbei.« Nein, da nützt es auch nichts, wenn einen die anderen im allgemeinen für jünger halten, als man wirklich ist. »Das mit dem Sport hört halt

irgendwanneinmal auf.« Und dann erzählt sie, wie sie gespart und sich darauf gefreut hat, wieder zu Bergtouren hinüberfahren zu können, und welche Touren sie im Wilden Kaiser gemacht hat, und daß es noch gar nicht so fürchterlich lange her ist, daß sie zum letzten Mal in der Schweiz war. »Auch wenn's vielleicht nicht so aussieht – ich hab schon auch ein paar andere Interessen gehabt als die Bücher...«

# ERIKA STONE

Fotografin, Jahrgang 1924

***»Man lernt auch daraus…«***

Die Kinderjahre in München habe sie in guter Erinnerung, sagt Erika Stone, geb. Klopfer. Da war ein liberales Elternhaus – der Vater war Rechtsanwalt bei BMW –, da war die große Wohnung in der Arcisstraße, da war ein Kinderfräulein, das ihr und der jüngeren Schwester viel Selbständigkeit gestattete, da waren Freundinnen.
Und doch: obwohl es ihr in dieser Zeit nicht schlecht gegangen ist, weiß sie noch genau, wie niedergeschlagen sie häufig war. »Ich hätte wieder 'das arme Tier', hat meine Mutter das immer genannt«. Woran das gelegen haben

mag, kann sie nicht sagen. Was sie jedoch noch deutlich vor sich hat, ist, mit welcher Begeisterung sie und die Schwester auf den Prunk und Pomp der nationalsozialistischen Massenpropaganda reagiert haben: »Wir haben es geliebt damals, das Marschieren und die Musik und die Lieder – es war wunderbar. Und als dieser Antisemitismus zum Ausbruch kam, haben wir natürlich mitgemacht. Ich erinnere mich, daß ich einmal einen Stein nach einem jüdischen Kind geworfen habe... »

Daß sie selbst im Glashaus saß, hat Erika Stone erst viel später erfahren. »Meine Eltern haben sich nicht sehr für die jüdische Religion interessiert und hatten uns protestantisch getauft. Sie sagten immer, Religion sei im Herzen. Wir Kinder hatten keine Ahnung, daß wir jüdischer Abstammung waren.« Doch auch wenn sie nie etwas davon gewußt hätte, wäre vielleicht dieser Wurf mit dem Stein zu einem prägenden Erlebnis geworden. »Es ist etwas, was ich nie vergessen kann. Das ist hängengeblieben an mir. Ich muß damit leben – aber man lernt auch daraus...«

So ist ihr heute denn auch die Ablehnung, die amerikanische Juden immer wieder gegenüber Deutschen zum Ausdruck bringen, vollkommen unverständlich. Das sei so *narrow-minded.* »Sie wollen nichts davon hören, daß es damals auch gute Deutsche gegeben hat.« Im täglichen Leben führe das in der Konsequenz zu einer Art Rassenhaß, zur Abschottung gegenüber allem, was anders ist als man selbst. »Und es ist doch so gleichgültig, ob einer Jude ist oder Christ, ob er schwarz ist oder weiß oder rot oder gelb. Alle sind Menschen, und wir gehen doch alle durch dasselbe hindurch im Leben.«

Manchmal, wenn sie beim Erzählen nach einem passenden deutschen Begriff suchen muß, entschuldigt Erika Stone sich, daß ihr die Sprache mittlerweile so fremd geworden ist. Zu Unrecht, wie ich finde, denn sie spricht flüssig, mit leicht zu identifizierender münchenerischer Färbung und nur wenigen Amerikanismen – was keine Selbstverständlichkeit ist in Anbetracht der Tatsache, daß sie ja ihre gesamte Jugendzeit hier in New York verlebt hat und dann auch dreißig Jahre lang mit einem Amerikaner verheiratet war.
Nicht sehr amerikanisch wirkt auch das Haus in der 82. Straße, Eastside, in dem sie lebt. Ein schmales Stadthaus, wie es auch in Amsterdam, Bremen oder Hamburg stehen könnte. Vom Wohnzimmer im Erdgeschoß geht es in einen wild wuchernden grünen Garten hinaus – diesen Ruhepunkt für die Augen, sagt sie, braucht sie dringend. Nicht nur wenn sie wieder stundenlang in der Dunkelkammer gestanden hat... Ergebnisse dieser Dunkelkammerarbeit hängen als großformatige Schwarz-Weiß-Abzüge an weißen Wänden. Ein Blick genügt, um zu wissen, daß das keine Amateurfotografie ist.

Als Zwölfjährige hat sie, noch in München, sich zum ersten Mal damit versucht. »Damals haben mir meine Eltern einen kleinen Apparat gegeben und alle waren der Meinung, ich habe ein gutes Auge, weil ich immer die Bilder so aufgebaut habe, daß die Motive irgendwie in einen Rahmen gestellt waren.« Viele Jahre später, sagt sie, als sie längst professionell Fotografin war, habe sie diese alten Bilder einmal durchgesehen und sei selbst ganz erstaunt gewesen über den Blick, den sie da als Kind schon gehabt habe...

Daß die Notwendigkeit, Deutschland zu verlassen, sie nach New York gebracht hat – und zwar früh genug, um wirklich hineinwachsen zu können – empfindet sie für sich selbst als ein Glück. Die depressiven Phasen der Münchener Zeit hat sie hier nie wieder erlebt. »Es gibt doch viel mehr Farbe hier, viel mehr Lichter...« Sie ist sich ziemlich sicher, daß ihr beruflicher Werdegang sehr stark davon bestimmt war.

1936 hatte sie die Umstellung jedoch erst einmal überhaupt nicht als Glück empfinden können. Daß sie in München, als ihr Vater seinen Beruf nicht mehr ausüben durfte, von der großen Wohnung in eine kleinere in der Tengstraße hatten umziehen müssen, war den Mädchen ebensowenig als Beeinträchtigung erschienen wie die Tatsache, daß nun keine Hausangestellten mehr da waren. Schlimm war jedoch, daß die Eltern sie nicht über ihre Emigrationspläne informierten. Heute erklärt Erika Stone sich dies zwar – »man konnte damals zu Hause ja nichts mehr sagen, aus Angst, daß die Köchin oder das Kindermädchen geht und weitererzählt, daß in dieser Familie

schlecht über Hitler gesprochen wird...« – aber damals, als es plötzlich hieß, man würde für einige Zeit nach Amerika gehen, war es fürchterlich für sie. »Wir sind weggeschickt worden in ein Kinderheim und meine Eltern haben in der Zwischenzeit die Wohnung aufgegeben und alles arrangiert.« Der Vater, er hat einen Vetter in New York, der ein bekannter Facharzt für Herzleiden ist, fährt allein voraus. Als die Familie dann hier wieder zusammentrifft, machen die Mädchen,die in München bei den Eltern bleiben wollen, den Eltern Vorwürfe, sie würden sie ihrer Heimat berauben. »Wir haben es unseren Eltern sehr schwer gemacht.« Nach einiger Zeit erst erklären ihnen die Eltern, warum das alles geschehen ist. »Das war ein ungeheurer Schock.«
Nein, sagt sie, sie habe den Eltern dieses lange Schweigen nicht übelnehmen können – »ich glaube, niemand, der nicht unter Hitler gelebt hat, kann das verstehen.«

In der Anfangszeit, sie wohnen in Riverdale, ist alles ungewohnt und schwierig. Der Vater, der nicht mehr in seinem Beruf arbeiten kann – »er war wie tot, es war schwer für ihn...« –, bekommt zwar einen Job als Versicherungsvertreter, »aber er war nicht der Typ dazu und es ist uns eine Zeitlang ganz schlimm gegangen«. Die Mutter verfällt in eine lang andauernde Depression, nachdem sie erfährt, daß ihr Bruder, Hans Bloch, im Konzentrationslager Mauthausen umgekommen ist. Auch er war Rechtsanwalt in München – »ein fabelhafter Mann, den wir sehr geliebt haben«. Er hatte sich geweigert zu emigrieren, weil

er es als seine Aufgabe betrachtete, anderen Juden zur Flucht zu verhelfen. »Er war sehr idealistisch und hat immer gesagt 'mir passiert nichts'«. Etwa zwei Jahre dauert es, bis diese Depression sich allmählich bessert, aber sie verschwindet nie mehr vollständig und kommt bis zum Tod der Mutter immer wieder neu zum Ausbruch.
Den beiden Töchtern, sie sind zwölf und zehn Jahre alt, fällt die Umstellung insgesamt leichter. Es gibt in Riverdale viele andere Emigranten, Deutsche und Österreicher, und außerdem haben sie in der Schule Kontaktmöglichkeiten zu amerikanischen Kindern, können einfacher Freundschaften schließen: »Die Kinder waren so nett zu uns, wenn wir sie nicht verstanden haben – ganz im Gegensatz dazu, wie wir uns zu Hause verhalten hatten... Und so haben wir auch sehr schnell Englisch gelernt.«
Nach der Eingewöhnungszeit, sagt Erika Stone, sei für sie alles sehr gut gegangen. »Ich finde, daß ich eine gute Jugend hatte. Ich war sehr glücklich.« Die finanzielle Situation der Familie hat niemals auch nur annähernd wieder den Stand vor der Emigration erreicht, aber selbst als Erika ihr Kunststudium an der Hochschule abbrechen muß – »weil wir kein Geld hatten und arbeiten mußten« –, reagiert sie nicht verbittert. Sie verdient Geld mit ersten Kinderfotografien und schreibt sich für ein Abendstudium am City-College ein. Die Frage, was da in Deutschland eigentlich geschehen ist, beschäftigt sie so, daß sie auch Vergleichende Religionswissenschaft studiert. Dabei lernt sie, daß alle Menschen vom selben Stamm aus Mesopotamien kommen und daß erst später die Juden weggezogen sind und

sich als das auserwählte Volk betrachtet haben. »Warum soll ich mich da anders fühlen als andere Menschen? Wenn ich in Israel leben würde, wäre es etwas anderes, dann wäre ich Israelin. Aber hier bin ich eben nicht Jüdin, sondern ganz einfach Amerikanerin deutscher Abstammung...«

Eigentlich wollte sie Modezeichnerin werden. Doch nachdem eine ihrer Großmütter – beide Großmütter leben inzwischen auch in New York – sie mit einem aus München stammenden Fotografen bekannt gemacht hat, beherzigt sie dessen Ratschlag und beschließt, lieber Modefotografin zu werden. Er verschafft ihr für zwölf Dollar die Woche Arbeit in einem Labor, »wo ich viel gelernt habe und auch viele Fotografen kennengelernt habe«. Schließlich landet sie bei einer Bildagentur, *European Picture Service,* als Mädchen für alles. Auch für die Übersetzung von Bildlegenden wird sie dort eingespannt. Allmählich aber zieht man sie mehr und mehr zur Fotoreporterin heran. Sie erhält Aufträge von *Spiegel* und *Time*-Magazin, wird viel herumgeschickt.
In einem *Camera-Club* freundet sie sich mit einer Frau an, Anita Beer, mit der sie 1952 zu einer Europareise aufbricht. Die beiden erleben »eine fabelhafte Zeit zusammen«. Sie haben einen Auftrag für eine Reportage über einen Ferienclub auf einer Insel im Luganer See und genießen jeden Tag. Später trifft Erika sich in Zürich mit einer Tante, reist mit ihr durch Österreich und kommt dabei in Imst zum ersten, vor wenigen Jahren erst eröffneten SOS-Kinderdorf, das großen Eindruck auf sie macht. Die Fahrt bringt

sie auch nach München. Dort versucht sie, Inge, ihre beste Freundin aus den Kindertagen, von der sie weiß, daß sie Ballettänzerin geworden ist, ausfindig zu machen, hat aber keinen Erfolg. Einige Jahre später jedoch, während sie mit ihrem Mann unterwegs ist, stößt sie im Münchener Telefonbuch auf den Namen von Inges Mutter, ruft bei ihr an und besucht sie. Über Inge erfährt sie dabei, daß sie ihren Beruf aufgegeben hat und jetzt in Australien verheiratet ist. Aber die Mutter der Freundin erzählt auch von ihrer älteren Tochter Traudl. Und das ist eine Geschichte, die Erika Stone erst gar nicht glauben will: Traudl – Traudl Junge heißt sie seit ihrer kurzen Ehe mit einem Offizier, der bald im Krieg gefallen ist – war nämlich jahrelang und bis zum Schluß Hitlers Privatsekretärin. »Ich habe es einfach nicht geglaubt. Hatte auch keine Lust, mit ihr Kontakt aufzunehmen und das alles von ihr selbst zu hören.« Erst als sie später in einem Buch von Trevor Roper wieder diesem Namen begegnet und das, was ihr erzählt wurde, bestätigt bekommt, wird sie neugierig und stellt die Verbindung her, besucht Traudl Junge auch, als sie wieder in München ist. Sie habe dabei, sagt sie, nicht die geringsten Vorbehalte verspürt, habe sich hervorragend mit ihr verstanden und sei im übrigen alles in allem auch überzeugt davon, daß es in dieser Zeit kein junges Mädchen gegeben hätte, das eine Position wie diese ausgeschlagen hätte. Mehr noch, sie sagt sogar: »Das hätte mir auch passieren können«. Ein glücklicher Mensch, überlegt sie, sei Traudl Junge wohl nicht. »Es hat eigentlich ihr Leben verpatzt«, denn daß sie nie mehr von dieser Vergangenheit loskommt, zeige sich allein schon darin, daß sie, als sie beschloß, nach Australien zu ihrer Schwester Inge auszuwandern, keine Einreisegenehmigung erhalten habe. Besuchsweise ja, aber nicht, um dort zu leben. Erika Stone ist darüber richtig empört: »Ich sag's immer wieder: die Menschen, die nicht unter Hitler gelebt haben und die das nicht durchgemacht haben, können, was passiert ist, nicht verstehen. Und dabei war es doch so, daß man gar keine Wahl gehabt hat, wenn man nicht umkommen wollte...«

Zurück zu ihrer eigenen Geschichte: Sie macht kurze Zeit nach dieser ersten Europareise gemeinsam mit Anita Beer eine eigene Bildagentur auf, in der sie recht erfolgreich vermitteln, aber diese Zusammenarbeit findet ihr Ende mit Erikas Heirat und der Geburt der beiden Söhne, die 1958 bzw. 1960 zur Welt kommen. Und es dauert einige Zeit, bis Erika Stone dann wieder zurück in den Beruf geht. Sie wählt dazu einen in dieser Phase ihres Lebens naheliegenden Weg und fotografiert Kinder. Die eigenen, die von Freunden, schließlich professionell. Auch Reportage-Aufträge nimmt sie wieder an. »Ich bin sogar nach Europa geschickt worden, um eine Reportage über SOS-Kinderdörfer zu machen.« Der erste Besuch damals in Imst hatte sie von der Idee dieser Kinderdörfer so überzeugt, daß sie beschlossen hatte, sich auch in Amerika dafür einzusetzen. »Damals hat mich der Herr Gmeiner gebeten, zu versuchen, hier auch SOS-Kinderdörfer anzuregen, aber da war nichts zu machen. Hier vertritt man die Auffassung, die Kinder müßten zurück zu ihren richtigen Eltern. *Foster-*

*Care* heißt das bei uns, und ich finde das ganz schlimm, weil die *Foster*-Eltern es für Geld machen und das Kind abschieben, wenn sie es nicht mehr wollen.« Und der Gedanke, daß die natürlichen Eltern den Kindern automatisch auch die besten Ausgangsbedingungen bieten könnten – man denke dabei nur an Kinder, deren Eltern in der Drogen-Scene lebten – sei eben grundfalsch. Aber, erzählt sie, sie habe nicht locker gelassen, habe Kontakte geknüpft, Mäzene gesucht, mit vielen in der Öffentlichkeit bekannten Menschen deswegen korrespondiert, auch mit der Frau des Präsidenten – »aber sie tut natürlich nichts« –, und jetzt endlich ist es soweit, daß in Florida Ende dieses Jahres ein erstes Kinderdorf eröffnet wird.
Daß insbesondere das Schicksal von Kindern ihr am Herzen liegt, mag aus der Verarbeitung der eigenen Erfahrungen resultieren. Entwurzelt zu werden und als unschuldiges und unwissendes Opfer vollkommen hilflos den von der Politik geschaffenen Verhältnissen ausgeliefert zu sein – nicht einmal, wie es Erwachsenen möglich ist, Protest formulieren und Widerstand leisten zu können, sondern verraten und verkauft in eine Situation, eine soziale Umgebung hineingeworfen zu werden und unter Umständen niemals die Möglichkeit zu haben, sich frei entfalten zu können, ist ein Faktum, dem sie glaubt, nicht tatenlos zusehen zu dürfen. Wie entscheidend es für sie selbst war, Rückhalt in ihrer Familie zu finden, so daß die Dinge sich für sie zum Guten entwickeln konnten, hat sie nie vergessen. Wenn andere, Unglücklichere, aber ins Straucheln kommen, ist sie weit davon entfernt, sie deswegen zu verurteilen.

Wie weit das geht, wird deutlich an einem für sie einschneidenden Erlebnis, das sie selbst immer nur als 'Unfall' bezeichnet: sie ist vor etwa drei Jahren Opfer eines Straßenüberfalls geworden, dessen Folgen ihr ganzes weiteres Leben prägen. Ein Mann hatte ihr auf offener Straße die Handtasche rauben wollen und sie, als sie versuchte, sich zu wehren, vom Gehsteig auf die Fahrbahn gestoßen. Sie ist unter einen vorbeifahrenden Bus gefallen und so schwer verletzt worden, daß man ihr im Krankenhaus ein Bein amputieren mußte. »Zum Glück«, sagt sie, »unterhalb des Knies«, so daß sie mit der Beinprothese wieder lernen konnte, ohne Krücken zu gehen. Nach dem Unfall, sagt sie, sei sie häufig von anderen Menschen gefragt worden, ob sie nicht entsetzlichen Haß gegenüber diesem Mann verspüre, aber sie habe darauf nur antworten können, sie sei ihm nicht böse, weil sie versuche, ihn zu sehen, wie er als kleines Baby gewesen sein mag. »Babys sind nicht böse. Es hat die Welt ihn eben so gemacht, seine Eltern und wir alle... Wir müssen zusehen, daß alle Kinder Liebe und Sicherheit und jemanden haben, der für sie Mutter ist.« Sich in dieser Richtung zu engagieren, sei ihr jetzt für den Rest ihres Lebens zur Lebensaufgabe geworden. »Ich glaube nämlich, daß es einen Grund hat, warum mir das passiert ist.«
Die Behinderung stellt selbstverständlich für Erika Stone nicht nur eine physische Belastung dar, sondern hat auch Auswirkungen im beruflichen Bereich. Rein pragmatisch gesehen heißt das, daß sie mehr Hilfe braucht, daß sie beim Fotografieren immer jemanden mitnehmen muß, der ihr

die Ausrüstung trägt, daß sie nicht mehr so pausenlos lange in der Dunkelkammer stehen kann und daß sie dadurch weniger verdient. Daß ihr Blick, ihr Interesse sich auch durch den Unfall verändert haben, ist ihr erst allmählich bewußt geworden. Sie sei »immer an Menschen interessiert gewesen. Ich glaube, wenn ich nicht Fotografin wäre, wäre ich vielleicht Therapeutin geworden.« Am liebsten würde sie nur auf der Straße herumlaufen und die Leute fotografieren. »Aber in New York muß man sehr vorsichtig sein...« Was jedoch viel stärker ausgeprägt ist seither, ist ihr Interesse an Behinderten. Zur Zeit, erzählt sie, arbeite sie z. B. an einer Reportage über einen indischen Jungen, der ohne Füße und mit einer verkrüppelten Hand geboren wurde, und der trotzdem Ski läuft und Skateboard fährt.. »Bevor mir das passiert ist, hatte ich für Menschen, die irgendeine Art von Behinderung hatten, gar keinen Blick.« Sie erinnert sich, wie sie – eine Fügung? – etwa ein Jahr vor diesem Unfall von einer Firma beauftragt worden sei, Bilder über orthopädisches Material für Beinprothesen zu machen. Und daß sie den beinamputierten jungen Mann, den man zu ihr ins Studio geschickt habe, dabei gar nicht angesehen habe – sie habe nur immer in die Kamera geschaut und nur ihre Bilder vor sich gesehen. »Es ist seltsam, nicht? Der junge Mann hat mich dann ein Jahr später im Krankenhaus besucht...«

Dieser Unfall, diese Behinderung, hat es sie nicht fürchterlich viel Kraft gekostet, darüber wegzukommen? Sie schüttelt den Kopf. Nein. »Keine Minute lang unglücklich«, sagt sie. »Ich habe nicht geweint, war nicht deprimiert, ich verstehe es selber nicht, wieso das so war. Als mein Mann vor sieben Jahren weggegangen ist, nachdem wir 30 Jahre lang zusammen gewesen waren, war ich furchtbar deprimiert und habe sogar an Selbstmord gedacht. Aber dieses Mal – obwohl ich allein bin – hatte ich keine Angst. Ich war ganz positiv eingestellt.«

*Positive thinking* – es sei im Lauf der Zeit zu einem immer bestimmenderen Zug ihres Wesens geworden: »Bei meiner Schwester ist das Glas immer halb leer, bei mir ist es immer halb voll...«

Und: »Ich kann nicht hassen. Ich ärgere mich über bestimmte Dinge, z. B. im Moment ärgere ich mich sehr über unsere Regierung, die überall Geld hingibt aber nicht dort, wo wir es brauchen. Die z. B. nicht den Menschen hilft, die keine Wohnungen haben – und es gibt so viel hier, es müßte so vieles hier gemacht werden – aber Haß kenne ich nicht.« Sie habe ja eben auch nie irgendwelche Ressentiments gegenüber Deutschland oder den Deutschen entwickelt.

Ob sie, da sie inzwischen ja so häufig wieder in Deutschland war und auch enge Beziehungen aufrechterhält zu den Töchtern ihres in Mauthausen umgekommenen Onkels – seine Frau war Katholikin und hat mit ihren Kindern in München überlebt –, jemals mit dem Gedanken gespielt hat, zurückzugehen? Sie würde das für später, wenn sie nicht mehr in ihrem Beruf arbeitet, gar nicht so ganz ausschließen wollen. Vor allem die Schwester spräche manchmal davon, im Alter nach Deutschland zurückzuziehen. »In irgendein Heim, weil es hier doch für alte Leute so schlimm ist. Man kriegt auch keine guten Hilfen...« Aber wahrscheinlich wird dann die Tatsache, daß die beiden Söhne hier in New York leben, den Ausschlag geben, hierzubleiben. Nein, sagt Erika Stone, es sei wirklich nur ein Gedankenspiel. Denn insgesamt ist sie doch eigentlich davon überzeugt, hier viel glücklicher zu sein, als sie in München sein könnte, »obwohl hier vieles schwerer ist. Aber New York hat so viel, was ich brauche. Und ich glaube auch nicht, daß ich eine solche Fotografin geworden wäre, wie ich es bin, wenn ich nicht hier gelebt hätte.«

# CLEMENTINE ZERNIK

Juristin, Jahrgang 1905

***»Kein Hahn hat nach uns gekräht«***

Ein Dutzend Katzen in einem winzigen Häuschen mit fast noch winzigerem Hintergarten weit draußen in Queens, dazu eine Unmenge von Dingen, die verstaut und weggepackt werden sollen, viel Trödelkram und eine ob dieser sich nie lichtenden Unordnung stöhnende weißhaarige Dame, perfekt frisiert und modisch gekleidet, bereit, in Kürze ihr mittägliches Taxi zu rufen, das sie, wie jeden Tag, zur weit entfernten U-Bahn-Haltestelle bringen soll, denn sie muß rechtzeitig zu ihrem *Midtown Lunch-Date* eintreffen – das ist die Situation, in der wir Clementine Zernik bei unserer zweiten Verabredung vorfinden. Etwa drei Wochen vorher hatten wir an ihrem Arbeitsplatz im Haus der Österreichischen Botschaft miteinander gesprochen, wo sie nachmittags in einem der oberen Räume das Büro der *Austrian American Federation* betreut. In ihrer sehr lebhaften Art hatte sie uns Einblick gegeben in ihre nach der Emigration entwickelten Aktivitäten, bei denen ihre österreichische Herkunft und das Engagement für ihr Land und ihre Landsleute immer bestimmend gewesen sind, aber irgendwie waren wir nicht dazu gekommen, etwas mehr über ihre jetzigen Lebensumstände zu sprechen. Als ich sie einige Tage später anrief, um sie zu fragen, ob wir sie noch einmal bei sich zu Hause besuchen dürften, wirkte sie richtig ein wenig verwundert, daß wir tatsächlich auch neugierig darauf waren, sie als Privatperson und nicht nur als Verfechterin bestimmter Ideen kennenzulernen…

Hier draußen in Queens, sagt sie, lebe sie gerne. Es sei ruhig und weit genug weg von all dieser Großstadthektik Manhattans, der sie ja, da sie jeden Tag zur Arbeit und zum Treffen mit Freunden und Bekannten fahre, ständig ausgesetzt sei. Sie brauche das auch, aber dennoch sei es recht angenehm, dann wieder hierher zurückzukommen, wo fast Kleinstadtatmosphäre herrsche und sie den Taxifahrern am Bahnhof längst eine gute Bekannte sei. – Jeden Tag zweimal Taxi und U-Bahn, ob das nicht ziemlich ins Geld gehe? »Schon«, sagt sie, »aber wofür gebe ich denn sonst schon Geld aus? Der einzige größere Posten, der regelmäßig anfällt, ist doch das Futter für die Katzen«, was bei dieser Zahl an ausgewachsenen Tieren sicher nicht wenig ist... Eigentlich, erklärt Clementine Zernik, waren es ja nur elf. Aber vor kurzem sei ihr noch eine zugelaufen, und die hätte sie dann auch nicht mehr weggeschickt. Auf eine mehr oder weniger komme es schließlich nicht an. Schwierig sei es allemal mit den Nachbarn, die mögen die Katzen nicht und deshalb habe sie auch Angst, sie in den Garten hinaus zu lassen, weil sie fürchte, man könne sie vergiften. Und es sei ihr auch immer recht mulmig, wenn sie im Sommer nach Österreich fahre und jemand kommen müsse, um die Tiere zu füttern und die Streu zu wechseln.

Österreich nimmt nicht nur im Sommerurlaub nach wie vor einen recht großen Platz in ihrem Denken ein – weniger aus Heimweh, als aus einer gewissen Starrköpfigkeit, mit der sie daran festhält, daß keine Politik der Welt es fertigbringt, gewachsene Verbindungen zu annullieren. So hat sie es bisher, trotz der mit den Jahren stark reduzierten Mitgliederzahl, auch nicht aufgegeben, die *Austrian American Federation* am Leben zu erhalten. Unermüdlich verschickt sie nach wie vor Informationsmaterial, Kalender und Einladungen zu den alle paar Wochen stattfindenden Veranstaltungen, bei denen österreichische Filme per Video vorgeführt werden. Und wenn die Mitgliederbeiträge nicht ausreichen, um die Kosten zu decken, schießt sie auch mal die Fehlbeträge aus eigener Kasse zu. Dabei steht sie der österreichischen Nachkriegspolitik durchaus kritisch gegenüber, ist auch nicht bereit zu vergessen, daß von dort aus keine offiziellen Anstrengungen unternommen worden sind, die Emigranten insgesamt

wieder zu integrieren. Ihr selbst – sie ist promovierte Juristin – wurde zwar 1947 bei einem Besuch in Wien und einem damals mit dem Justizminister in anderer Angelegenheit geführten Gespräch eine Stelle als Familienrichterin angeboten, doch das Ausbleiben eines offiziellen Rückrufs hat sie das auch nicht verschmerzen lassen. Der eigene Vorteil oder die eigene Geschichte tritt bei ihr ohnehin leicht in den Hintergrund gegenüber dem, was anderen geschieht. Daß sie damals nicht zurückgegangen ist, sagt sie, hänge damit zusammen, daß sie 1947 eine ihr für den Augenblick wichtiger erscheinende Arbeit innerhalb der UNRRA – *United Nations Relief and Rehabilitation Administration* – bei der Beschaffung von Ausreisemöglichkeiten für *displaced persons* als Leiterin der Kinder-Lager übernommen hatte. Und außerdem war sie zu diesem Zeitpunkt auch einfach noch nicht in der Lage, das, was vorgefallen war, zu vergessen. Später dann habe sich eine ähnliche Chance zur Rückkehr nie wieder ergeben.
Aber nach wie vor empört ist sie darüber, daß eine Persönlichkeit wie Ferdinand Graf Czernin, »der vom Ausland aus wirklich alles getan hat, um dem Ansehen Österreichs in der Weltöffentlichkeit zu nutzen«, bei der Vergabe der Ämter in der Nachkriegsregierung nicht bedacht worden ist. »Er war ein Sohn des letzten Außenministers unter Kaiser Karl und ein fantastischer Mensch, gescheit, gebildet, großzügig, sehr freiheitlich eingestellt. Er hat hier diese Organisation *Austrian Action* gegründet, mit der Idee, die Österreicher zur Befreiung Österreichs zusammenzufassen und alle unter einen politischen Hut zu bringen. Seit un-

gefähr 1939 hat es hier ja verschiedene österreichische Organisationen gegeben. Da waren die Sozialisten unter General Deutsch, dann gab es die Monarchisten unter Otto, dann die Anhänger der früheren österreichischen Regierung unter dem Minister Rott und eben die *Austrian Action* unter Czernin.« Clementine Zernik arbeitet von 1940 bis 1943 als Generalsekretärin der *Austrian Action,* hat die Leitung der gesamten organisatorischen Arbeit, der materiellen Hilfe und der juristischen Beratung.

»Czernins Idee hat sich nicht verwirklichen lassen, denn da war das Jahr 34, das noch jedermann im Gedächtnis hatte, und von daher war es wirklich unmöglich für viele, sich einer Schuschnigg-Gruppe anzuschließen, weil sie eben Dollfuß nicht vergessen konnten. Wir haben uns nur bei manchen Gelegenheiten zusammengetan. Unsere Gruppe war fast so wie ein kleines Konsulat. Wir haben Leute beraten, wir haben Stellen verschafft, wir haben Konzerte gegeben, Vorträge und Theaterstücke gemacht, wir waren auch der Beginn einer nach dem Krieg ziemlich großen Theatergruppe hier.« – Daß Graf Czernin beim State Department durchsetzen konnte, daß die Österreicher nach Kriegsausbruch nicht als *enemy aliens* sondern als *citizens of a non-enemy country* galten, wolle sie »immer wieder betonen«. »Diese Feststellung war nämlich die Grundlage der Erklärung in Moskau von 1943, daß Österreich befreit werden muß, wenn es sich selbst dafür einsetzt. Und die Moskau-Erklärung von 1943 wiederum war die Basis für den Friedensvertrag von 1955. Das alles war letztlich das Verdienst von Ferdinand Czernin, obwohl später alle

möglichen Leute erklärt haben, es sei von Otto von Habsburg ausgegangen. Aber der war's nicht. Der hat eine österreichische Legion gründen wollen unter einem seiner Brüder, die auf österreichischer Seite gegen Hitler kämpften, aber das hat wegen bestimmter amerikanischer Bestimmungen nicht funktioniert.« Nicht nur Clementine Zernik hat fest damit gerechnet, daß aus dem Heimatland eine positive Reaktion gezeigt würde: »Kurz und gut – wir haben erwartet, wenn der Krieg aus ist, daß es heißt: Wer mitarbeiten will am Wiederaufbau Österreichs, solle zurückkommen, jetzt oder später... Nicht nur – man muß direkt schon fast lachen – daß wir alle zurückgerufen werden, sondern auch, daß Czernin zurückberufen wird, wenn nicht als Bundeskanzler, so doch immerhin in einer entscheidenden Position. Aber nach dem Krieg hat sich eben herausgestellt, daß die Österreicher zu Hause absolut kein Interesse hatten an Organisationen, die hier für die Freiheit Österreichs gekämpft und unerhört viel für das Land getan haben. Kein Hahn hat nach uns gekräht. (...) Der Czernin (...) ist hier wirklich an gebrochenem Herzen gestorben. Ich liebe Österreich und ich arbeite für Österreich, aber das hab ich auch nicht vergessen. Es war sogar so, daß im Jahr 1947 die *refugees* in der ganzen Welt, die bereits älter waren, nicht einmal gewußt haben, ob sie weiter ihre Pension beziehen würden. Keiner hat eine bekommen damals. Es wurde nichts gemacht für uns. Und das ist die Schuld, die Österreich noch bis heute hat.«
Trotz ihres Österreich-Engagements, das Clementine Zernik, geb. Bloch, durch ihre tägliche Arbeit dokumentiert,

gehört sie zu den wenigen jüdischen Wiener Emigranten, die, wenn sie von Wien sprechen, nicht den erlittenen Heimatverlust in den Vordergrund stellen. Dabei hat für sie die Emigration über diesen Verlust hinaus auch eine berufliche Entwurzelung bedeutet, denn als Juristin konnte sie in Amerika nicht mehr an die einmal anvisierte Laufbahn anknüpfen. Aber wenn sie sich auch umorientieren mußte, so zeigt sie doch auch heute noch deutlich, wie wortgewandt, streitbar, kritisch und zäh sie ist – Eigenschaften, die ihr den Einstieg in den Anwaltberuf damals in Wien sicher erleichtert haben.
Ihr Vater – »er war 1897 schon Finanzkonzipist in St. Pölten – man kann also nicht bodenständiger sein« – war in Wien Finanzrat beim Steuer- und Gebührenbemessungsamt. Clementine Bloch besuchte dort das einzige humanistische Mädchengymnasium. »Wir wurden an Jungengymnasien nicht zugelassen.« Hinterher studiert sie Jura und promoviert 1930. Zwar war sie, wie sie sagt, in den 30er Jahren dann nicht die allererste Juristin in Wien, denn es gab etwa ein Dutzend andere Frauen im Fach, aber sie und eine Freundin waren die einzigen Verteidigerinnen in Strafsachen. »Wir haben sehr viel Erfolg damit gehabt. Es hat uns sehr gut gefallen.« Sie hatte nach den vorgeschriebenen sieben Jahren als – unbezahlte (!) – Konzipientin bei der Anwaltskammer 1936 die Anwaltsprüfung abgelegt. Die finanzielle Situation in diesem Beruf bezeichnet sie generell als überaus prekär, nicht nur während der ersten »sieben mageren Jahre«, sondern auch weiterhin: »Zu der Zeit war es für die meisten Juristen unmöglich zu hei-

raten, weil es kein Geld gab, um eine Familie zu erhalten.« Gerade im Bereich der Verteidigung bei Strafsachen waren die Verdienstmöglichkeiten nur gering. »Als ich aus Wien weggefahren bin, hab ich 350 Klienten gehabt aber kein Geld. So eine Armut, wie damals in Österreich war, und besonders unter diesen Ärmsten der Armen, kann man sich kaum vorstellen. Da waren Leute, die in den Simmeringer Baracken auf Fetzen auf dem Boden geschlafen haben. Die hatten sich, weil sie nichts zu essen hatten, Petroleum in die Arme gespritzt, um, wenn das dann fürchterlich aufgeschwollen ist, ins Spital aufgenommen zu werden und dort zu essen zu bekommen. Und was war? Sie sind angeklagt worden wegen Betrug, weil sie sich ins Spital hineingemogelt hatten... Die meisten Klienten konnten also nicht bezahlen, sie haben Blumen aus den Schrebergärten gebracht oder Kastanien, die sie auf der Straße verkauft haben...« Aber Clementine Bloch war von Haus aus nicht so erzogen worden, Geld für sehr wichtig zu erachten. Im Gegenteil, wenn es doch einmal vorkam, daß sie von einem Klienten fünf Schillinge mitbrachte, habe ihre Mutter gesagt: »Schämst du dich nicht, von armen Leuten Geld anzunehmen?« Dabei war sie ja inzwischen über 30 und wohnte, da sie immer noch nichts verdiente, noch zu Hause. »Es war schon nicht angenehm, bei den Eltern zu sitzen und die Klienten dort zu empfangen, weil ich nicht einmal eine Kanzlei hatte. Und ich wollte also aus dem Haus raus.« Um das zu erreichen, beschließt sie zu heiraten. »Damals hatten Freunde und Bekannte aus dem Café Herrenhof – Künstler, Schriftsteller – vorgeschlagen, ich sollte einen dieser Junggesellen offiziell heiraten, dann würden wir eine Wohnung kaufen können...« Die Hochzeit mit dem Architekten Oskar Bern am 14. Februar 1938 findet – da ist sie stur – nicht in der Kirche, sondern auf dem Standesamt statt: »Unter der Schuschnigg-Regierung mußte man als Katholik oder Protestant in der Kirche und als Jude im Tempel heiraten. Das Standesamt galt nur für die, die religionslos waren, oder wenn ein Priester aus einem vom Staat nicht anerkannten Grund die Eheschließung verweigerte. Ich war sehr antireligiös eingestellt und habe dem Rabbiner 50 Schilling gegeben, damit er mir so einen Zettel ausstellte, auf dem stand, daß er mir die Trauung verweigerte.« Aber wegen der unsicheren politischen Lage besteht ihr Vater darauf, erst dann eine Wohnung für sie zu kaufen, wenn absehbar sei, wie die Dinge sich weiterentwickeln würden. »So hab ich also in Wien nie eine Wohnung gehabt, hab immer bei meinen Eltern gewohnt, auch dann gemeinsam mit meinem sogenannten Mann...«

Dem 'sogenannten Mann' kann sie nach der Annexion Österreichs das Leben retten, da sie ihn auf ihr Affidavit mitnimmt, das sie von einem Onkel, Arnold Höllriegl, einem damals bekannten österreichischen Schriftsteller, vermittelt bekommt. Er ist nämlich mit einem Rechtsanwalt in New York befreundet, welcher im Laufe der Zeit um die 50 Affidavits übernimmt. Allerdings läßt Clementine Bern das erste Affidavit, das er ihr schickt, erst einmal verfallen, weil sie der Meinung ist, sie könne als Rechtsanwältin weiterarbeiten...

Als ihr Vater aber von der Gestapo abgeholt wird – »zu einer Information«, wie sie sagt, nicht weil er abtransportiert werden sollte – und ihr klarmacht, daß sie so schnell wie möglich emigrieren solle, bemüht sie sich um ein zweites Affidavit. Der Vater wird unter der Voraussetzung, daß er 'freiwillig' das Land verläßt, wieder entlassen. Die Eltern emigrieren nach Palästina, wo die ältere Tochter lebt. 1947 stirbt der Vater dort. »Er wäre lieber im Zentralfriedhof in Wien begraben gewesen als in irgendeinem Ölberg in Jerusalem.« Die Mutter kommt daraufhin zu ihr nach New York, geht nach zwei Jahren aber zurück nach Wien, pendelt in der Folge immer wieder zwischen beiden Städten, bis sie sich 1954 endgültig zur Rückkehr entschließt. Sie lebt noch bis 1969 in Baden bei Wien.
Clementine Bern kommt am 3. August 1938 in Amerika an. Ob allein oder mit Ehemann, erwähnt sie bei unserem Gespräch nicht. Die weiteren Wege verlaufen jedenfalls getrennt. Sie beginnt ein Studium am Teachers College der Columbia Universität, macht 1941 ihren M.A., wird aber nicht eingestellt, u. a. weil sie keine amerikanische Staatsbürgerin ist. Außerdem bemängelt man ihren Akzent und führt darüberhinaus als Grund an, daß sie ja Jüdin sei – eine Argumentation, die sie als damals gängige Praxis bezeichnet, nicht ohne auch jetzt noch darüber gehörig aufgebracht zu sein. Nein, Clementine Zernik, geborene Bloch, verwitwete Bern, kann sich noch immer nicht mit Bürokratie und Unmenschlichkeit arrangieren. Sie ist ursprünglich sicher nicht zufällig Anwältin geworden und damals bei den 'Ärmsten der Armen' gelandet.

Und wenn sie zwischendurch sagt, es sei doch schade, daß man nicht verhindern könne, alt zu werden, dann meint sie damit zumindest für sich selbst nicht, daß das auch bedeutet, man müsse jetzt alles nur noch harmonisierend betrachten und den Dingen eben ihren Lauf lassen...

Zum Zeitpunkt als sie den Ablehnungsbescheid als Lehrerin erhält, ist sie ohnehin längst in Czernins *Austrian Action* involviert. Sie macht da zwar einen ganzen Job, aber die Gelder reichen nicht aus, um sie auch entsprechend zu bezahlen. So wird sie ab 1943 noch zusätzlich Mitarbeiterin der British Information Services, arbeitet jetzt tagsüber von zehn bis sechs Uhr bei den Österreichern ohne Gehalt, abends ab sieben Uhr bis Mitternacht – oder länger, je nach aktueller Lage – bei den Engländern. Eingesetzt ist sie dort beim Listening Post, wo Hitler- oder Goebbelsreden auf Schallplatten aufgenommen, übersetzt und abgeschrieben und an alle Konsulate verteilt werden. Im Mai 1944 geht sie bis Kriegsende nach London zur *American Broadcasting Station in Europe,* wo sie für die Sendungen nach Österreich verantwortlich ist. Politischer Redakteur dort ist Golo Mann, – »ein hervorragender Journalist«, wie sie findet: »Wenn Hitler angefangen hat zu sprechen, hat er schon angefangen, seine Antwort zu schreiben, und wenn Hitler fertig war, konnten wir bereits beginnen, die Antwort zu senden, allerdings nur in der Nacht, denn niemand hätte tagsüber zugehört.« Als sie im Juli 1945 nach New York zurückkommt, »sitzen inzwischen alle mit wunderbaren Posten in irgendwelchen Büros, nur wir, die wir die Bomben jeden Tag gehabt haben, hatten keine Stellen.« Sie wird noch bis Ende des Jahres weiterbeschäftigt, erhält dann von ihrem Chef ein Empfehlungsschreiben für die UNRRA, wird von Washington übernommen und kommt Anfang 1946 zuerst als *assistant director,* dann als Camp-Leiterin nach Deutschland.

Aufgabe der UNRRA ist es, *displaced persons* – ehemaligen KZ-Häftlingen sowie unter Hitler verschleppten Zwangsarbeitern oder auch Menschen, die sich während des Dritten Reichs hatten verstecken können – die Auswanderung zu ermöglichen. Dazu werden sie zuerst in Lagern zusammengefaßt, die anfangs gemischt, später nach Sprachen und Religionen geteilt werden. Clementine Bern arbeitet in einem Lager in Eschwege an der Werra, in der Nähe von Kassel, in dem 3000 Menschen darauf warten, Deutschland verlassen zu können.

In diese Zeit, in der sie vollen Einsatz für die ehemals Verfolgten erbringt, fällt ein sehr persönliches Erlebnis: Sie trifft dort auf ein kleines jüdisches Mädchen, zu dem sie große Zuneigung faßt. Da das Kind diese Zuneigung erwidert, holt sie es zu sich, läßt es bei sich wohnen und beschließt, es zu adoptieren. »Es wäre wunderbar gewesen«, sagt sie, »es war Liebe«. Doch da gab es eine Lagerverwaltung, und die erklärte, das Kind sei das Eigentum des jüdischen Volkes und dürfe nicht nach Amerika. »Ich hab das Kind effektiv verloren.« Sie mobilisiert zwar alle möglichen Leute, aber niemand kann verhindern, daß das kleine Mädchen, das schon ein halbes Jahr bei ihr wohnt und sie als seine Mutter bezeichnet, nach Israel gebracht wird. Es habe sich ein Mann gemeldet, der erklärte, er sei der Vater... Es dauert nicht lang, da erhält sie einen Brief von ihm: »Sehr verehrte Frau Direktor, die kleine Rachela weint sich die Augen aus nach ihrer Mutter.« Ja, sagt Clementine Zernik, sie habe dann eben Pakete und Briefe geschickt – »das ging durchs ganze Leben«.

Weil sie nach dieser Geschichte nicht mehr in Eschwege bleiben will, versetzt man sie ins Hauptquartier nach Bad Wildungen und macht sie zur Vorsitzenden aller Kinderhorte und zur Oberaufsicht aller privaten Organisationen. Später geht sie in ein Lager nach Bensheim an der Bergstraße, bleibt dort bis Oktober 1947, bis die UNRRA von der IRO – *International Refugee Organisation* – abgelöst wird. »Dann bin ich zurück – ohne Kind, aber mit einem Hund«, sagt sie. Den behält sie die nächsten 18 Jahre.

In New York wird sie erwartet. Von Herbert Zernik, einem jüdischen Flüchtling aus Schlesien, den sie, bevor sie ihre Arbeit bei der UNRRA aufnahm, kennenlernte, als sie ihm seine Scheidungsdokumente übersetzte; er hatte sie zum Schiff gebracht und ihr dabei erklärt, er wolle sie heiraten. »Wir führen den preußisch-österreichischen Krieg weiter«, habe er gesagt, und dann, als sie zurückkam, habe sie eingewilligt, weil »die UNRRA eine sehr bittere Erfahrung war. Es war eine schwere Arbeit, sehr erschütternd«. Eine Ehe aus Freundschaft sei es gewesen, stabil. Ab 1948 wird sie bei der UN als Bibliothekarin angestellt, wo sie als UN-Vertreterin bei der *New York Public Library* arbeitet mit dem Auftrag, die englischen, deutschen und italienischen Bücher zu katalogisieren, eine Vorschlagsliste auszuarbeiten und die UN zu beliefern. »Es war eine fantastische Stelle«, sagt sie, denn sie konnte dabei sehr selbständig arbeiten. Daneben macht sie noch einmal ein Studium als Bibliothekarin an der Columbia University, das sie 1956 abschließt. Bei der UN bleibt sie 27 Jahre lang. Seit 1959 betätigt sie sich auch bei der *Austrian American Federation* – »alles *volunteer* Sachen, die nebenher gelaufen sind…« Das ist ihr ja nicht neu. Und auch nicht, daß sie die Kraft hat dazu. »Eine unserer Ideen war, die sogenannte Exilliteratur zu sammeln – damals hat kein Mensch sich darum gekümmert, weder in Deutschland noch in Österreich – die Werke also, die Schriftsteller im Exil geschrieben haben. Und da haben wir langsam eine sehr schöne Bibliothek angekauft, vielleicht 200 Bücher – das hat sehr viel Geld gekostet. Erst nach ungefähr zwölf, fünfzehn Jahren ist die Welt aufgewacht – und inzwischen hat Deutschland die größte Exilliteraturbibliothek der Welt, Tausende und Tausende von Bänden, und die österreichische Nationalbibliothek hat dann auch angefangen...« Ende der 50er Jahre ist es auch, als die *Austrian American Federation* erste Gruppenreisen nach Österreich zu organisieren beginnt. Da in dieser Zeit Einzelflugreisen noch sehr teuer sind, ist das Interesse an diesen organisierten Fahrten groß. »Zum Schluß waren wir aber nur noch kleine Gruppen – 40, 50 Leute –, da haben wir dann damit aufgehört. Jeder konnte allein fliegen und sie haben uns nicht mehr gebraucht.«

Sie selbst, sagt sie, sei »jedes Jahr, wenn's möglich war, nach Österreich gefahren«. Es gab so viele Menschen, zu denen Kontakt zu halten ihr am Herzen lag. Sie habe dort ja wirklich eine Menge anständige Menschen gekannt... Clementine Zernik erinnert sich noch gut daran, daß sie es z. B. vor dem Krieg mit Richtern zu tun hatte, die immer gewarnt hatten, bevor die Gestapo irgendwohin kam, obwohl sie sich doch dabei selbst gefährdeten. Und die Leute in der Nachbarschaft, der Hausbesorger, die Besitzer der Geschäfte... Ihr Mann, sagt sie, sei ja nie mehr nach Deutschland gefahren. Aber mit ihr nach Wien zu kommen, habe er sich nicht nehmen lassen. Noch ganz zum Schluß, als er schon sehr krank war, habe er davon gesprochen, wieder nach Wien reisen zu wollen.

Aber andererseits kennt sie hier in New York auch viele Menschen, die nur noch voller Ressentiments nach Österreich schauen – was ihrer Meinung nach weniger mit der nationalsozialistischen Politik nach dem 'Anschluß' zu tun hat als mit den vorangegangenen Ereignissen: »Dadurch, daß es dieses Jahr 1934 gegeben hat, war das Land zerrissen, so daß die Linken vollkommen abgefallen sind. Was geblieben ist, waren Rechte, die dann Nazis waren und nicht Anhänger der Regierung. Es war niemand da, der für das Vaterland gekämpft hätte. Schuschniggs Versuch, 1938 eine Einigung mit den Sozialisten herbeizuführen, war einfach zu spät. Und es war auch ein Fehler, daß er keinen bewaffneten Widerstand gegen Hitler hat leisten lassen. Wenn es nur ein oder zwei Tage gedauert hätte, wäre doch die Welt aufgewacht... Es wäre alles anders gewesen. Es war ein Fehler – er wollte kein deutsches Blut vergießen und hat damit dazu beigetragen, daß dann viel mehr Blut geflossen ist, deutsches, russisches, jüdisches...«

So, sagt Clementine Zernik, das sei in Kurzform das Wichtigste, was ihr rückblickend einfiele. Daß sie nach ihrer Pensionierung als Bibliothekarin bei der UN im Jahr 1975 die Arbeit für den Presse- und Informationsdienst bei der *Austrian American Federation* ganz übernommen habe, wüßten wir ja. Und auch, daß das alles eigentlich so langsam in sich zusammenbröckele. »Es ist niemand mehr da, der so viel Zeit ehrenamtlich da hineinstecken will.« Zum Briefmarkenkleben käme ab und zu jemand vorbei... Ansonsten sei sie froh, daß die Österreichische Botschaft diesen Raum mietfrei zur Verfügung stelle. »Das ist eine sehr schöne Symbiose«.

Als wir gemeinsam das Haus verlassen, geht sie noch einmal nachsehen, ob die hintere Türe geschlossen ist und die Katzen alle in Sicherheit sind.
»Oh«, sagt der Taxifahrer zur Begrüßung zu ihr, »haben Sie Besuch?« »Ja,« antwortet sie, »aus meiner Heimat. Nicht aus Österreich zwar, aber aus Deutschland…«

Die Deutsche Bibliothek – CIP-Einheitsaufnahme

**Hartenstein, Elfi:**
Jüdische Frauen im New Yorker Exil : 10 Begegnungen /
Elfi Hartenstein. Mit Fotos von Thomas K. Müller - 1. Aufl. -
Dortmund : Ed. Ebersbach, 1999
(Blue notes ; 6)
ISBN 3-931782-55-7

Deutsche Erstausgabe 1999

Bornstraße 68, 44145 Dortmund

Umschlaggestaltung: Antje und Sybille Hassinger
Coverfoto: Preußischer Kulturbesitz © Bernd Lohse
Satz: Verlag Die Werkstatt, Göttingen
Druck und Bindung: Westermann Druck, Zwickau